François Maher Presley
Mystisches Marrakesch

Originalausgabe

1. Auflage Juni 2013

Internet: www.in-Cultura.com • E-Mail: info@in-Cultura.com

Herausgeber: David Eschrich
Lektorat: Jörg Kukla

ISBN 978-3-930727-31-5

Zur Wahrung der Persönlichkeitsrechte Einzelner wurden die Namen der hier beschriebenen Personen, soweit aus diesen ein Rückschluss auf die Person abzuleiten ist, geändert oder mit deren Einverständnis belassen. Ähnlichkeiten sind nicht beabsichtigt, wenngleich die Erzählungen auf tatsächlichen Erlebnissen des Autors beruhen.

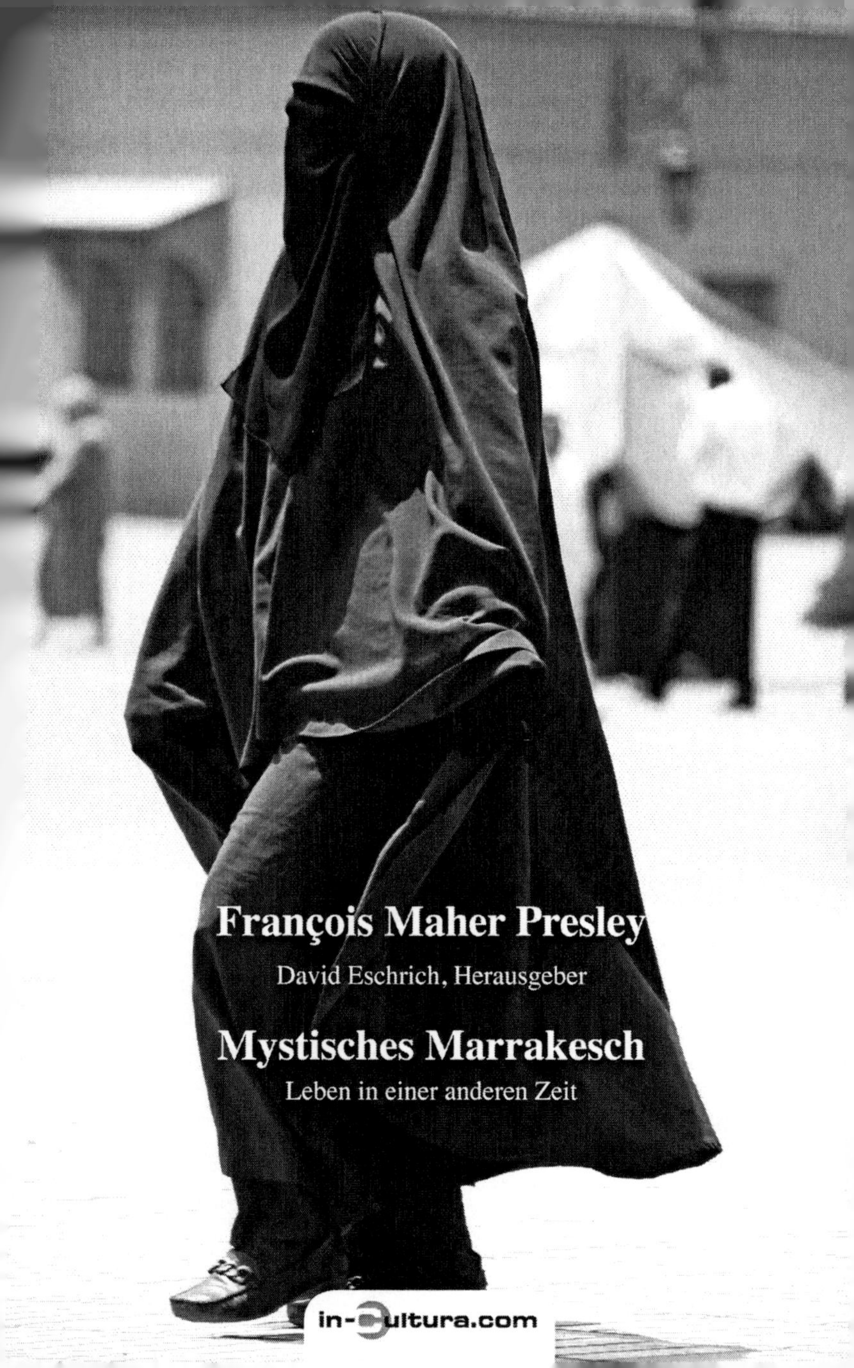

François Maher Presley

David Eschrich, Herausgeber

Mystisches Marrakesch

Leben in einer anderen Zeit

in-Cultura.com

Inhalt

Immer wenn mir etwas abhanden kam, war es wirklich.
Gewann ich etwas hinzu, so nur im Traum.

(Aus Werktagebuch, Kartengrüße, 2012)

Ein neues Leben

Papas Augen sind himmelblau. Mein erster Gedanke war, dass er getönte Linsen tragen würde. Es war vielen Menschen nicht möglich, seinen bohrenden Blicken stand zu halten, die immer nach dem Wesen des Gegenübers fragten und nicht bereit waren, sich mit einem „Vielleicht“, mit einem „Sicherlich“ oder mit einem „Demnächst“ abzufinden. Papa wollte immer alles sofort wissen, aus dem Schauspiel eine Wirklichkeit, aus dem Ungenauen eine präzise Charakterbeschreibung, ein „Ja“ oder „Nein“ machen und dann ein Leben nicht mehr darüber nachdenken und sprechen. Seine Blicke suggerierten den gleichen Eindruck wie die Aussicht von der Dachterrasse des Hauses, an klaren Wintertagen. So einen Tag hatten wir während meines Besuches, ein Blick zu den Bergen, zum Hohen Atlas, schneebedeckt, blauer Himmel, nicht eine Wolke, eisige Kälte und Sonnenschein, niemals endende Aussicht, unvorstellbar klare und schöne Farben. Ein Haus in der Medina von Marrakesch, seine Eigentümer, Papas blaue, alles durchdringende Augen, Mamans Güte. Ich hielt den Blicken des Alten mit meinen blauen Augen stand. Ein bisschen schien Maman Mitleid mit mir zu haben. Er war ein Hadj mit all der Würde dieses Titels, saß nicht auf dem Boden, er schien zu thronen. Auch ich bin ein Hadj, schon im Kindesalter musste ich nach Mekka. Ich erinnere mich noch, es nicht gern getan zu haben. Papa tat es gern. Es war, seitdem er denken konnte, sein sehnlichster Wunsch, so wie es auch der Wunsch von Maman ist, einmal nach Mekka zu reisen und dort zu beten, dieser wichtigen Regel des Islam zu entsprechen, um noch vor ihrem irdischen Tod den Spuren des Propheten Mohammed zu folgen. Auch das müsste Allah milde stimmen, denn Maman ist fest in ihrem Glauben. Sie gibt den Armen, sie fastet im Ramadan und betet fünfmal am Tag, spricht die Suren, die sie einmal auswendig gelernt hatte, denn Maman kann wie Papa nicht lesen und schreiben, und nun fehlt es eben noch an der Pilgerreise nach Mekka. Die ist aber für hiesige Verhältnisse sehr teuer, zudem muss man sich an einem Losverfahren beteiligen, um die Chance zu haben, diesen Traum zur Wirklichkeit werden zu lassen. Zuletzt ist es Frauen nicht mehr erlaubt, allein zu reisen. Sie müssen von einem männlichen Verwandten begleitet werden. Eine altertümliche Männer-Religion, die den Frauen nur wenige Möglichkeiten zur Entwicklung eines eigenen Lebens gewährt. Maman hat das über 50 Jahre zu spüren bekommen, und Maman ist oftmals traurig, wenn sie sieht, wie wenig von ihrer Lebensleistung einmal bleiben wird. Dann scheinen ihre lebendigen hin und her blickenden Augen, alles beobachtenden Augen, die schneller sehen und von den Lippen ablesen, als es mir möglich ist, um einen weiteren Tee zu bitten, zu verharren, ins Nichts zu starren und selbst jetzt noch in ihrem hohen Alter zu tränen.

Wir waren einander ähnlich, sogar nahe. Papa mochte mich, ich mochte ihn. Ich hatte das Gefühl, einen Vater gefunden zu haben, er endlich den Ältesten, mein großes Glück, wie sich in wenigen Minuten herausstellte. Seine vier Söhne waren den Blicken nicht gewachsen. Sie waren auch seiner Unnachgiebigkeit und Härte nicht gewachsen und nicht den vielen Schlägen, mit denen Papa im Namen des Herrn auf die Jungs und auch auf die älteste der beiden Töchter, Ghita, einprügelte. Das war nicht einfach, auch nicht für Maman, die neben der Hausarbeit und dem Aufziehen der vielen Kinder, neben dem Melken der Kühe und dem Kochen, neben der harten Arbeit auf dem Feld, der Fütterung der Tiere, dem Schlachten und den Liebesdiensten für ihren Mann auch noch die Kinder dazu anhalten musste, die Schule zu besuchen, eine teure Schule, die sie und Papa unbedingt den Kindern ermöglichen wollten. Doch die setzten sich zuletzt zumindest auf diesem Gebiet durch. Nicht zu ihrem Vorteil. Nur die jüngste Tochter Chadidja schaute Papa in die Augen. Die Einzige, die in der Kindheit und ihrer Jugend von Schlägen verschont geblieben ist, die das Lernangebot Mamans angenommen, die Schule abgeschlossen hatte. Sie widerstand den Blicken Papas, war ihnen nicht nur gewachsen, sondern verstand diese auch immer als große Zuneigung ihres Vaters.

So erging es Abdel nicht, dem zukünftigen Schwiegersohn, der einmal Chadidja heiraten darf, der so lange um sie warb, in den Gassen der Medina und auf den Plätzen hinter ihr her gezogen war, sie angesprochen hatte und wieder und wieder nach Hause begleitete, bis die Eltern ihn eines Tages auch empfingen: Abdel setzte sich den Blicken des Alten nicht aus, doch trafen sie ihn ebenso hart, wie sie die Söhne getroffen hatten, aus denen keiner etwas geworden war, keiner einen anständigen Beruf gelernt hatte. So mussten die Eltern drei der Söhne auf der Farm beschäftigen, um sie von der Straße zu holen und unter Aufsicht zu haben. Hatte der Vater sie einmal mit seiner Unbarmherzigkeit in ihrer Entwicklung getötet, so erhielt er ihnen nun das Leben, und sie versuchten zu dritt seinen großen Vorgaben gerecht zu werden. Das jedoch gelang nie. Der vierte Sohn ist Taxi-Fahrer, der älteste und einzige, der bereits selbst eine Familie gegründet hatte, und da blieb nur noch Abdel, der zukünftige Schwiegersohn, strebsam, mit einem Beruf als Leiter des Sicherheitsdienstes in einem Hotel, genau genommen auch ein Spitzel, der den Kontakten bei der Sicherheitspolizei, die sich von Zeit zu Zeit bei ihm meldeten, über die Vorgänge im Hotel zu berichten hatte, mal mehr berichtete, mal weniger. In Marokko herrscht ein System, dass niemandem Freiraum gewährt. Die Einheimischen werden ebenso wie die Touristen oder hier lebenden Ausländer - ob im Hotel durch das dortige Personal oder durch Wachmänner - beobachtet und bespitzelt, selbst in den Gassen der Medina, in den Restaurants, in den vielen Cafés, observiert von all den Block- und Straßenwarts, den Mitarbeitern der Geheimpolizei oder eben auch den Angestellten der Behörden. Keiner darf dem System entkommen, was nur funktioniert, weil alles auf einer sehr stabilen Grundlage ungezählter Denunzianten aufbaut. Darin sind die Marokkaner ausgezeichnet und schätzen es, sich als eines der sichersten Länder der Welt zu zählen. Ein absurder Vorgang, sind es gerade diese Sicherheitskräfte, die auch als Köpfe des Verbrechens fungieren. Die Aufklärungsraten sind so niedrig, weil die Beteiligung der Polizei an Diebstählen, Raub und Morden die Aufklärung natürlich verhindert. Polizisten als Mittäter und Mitwisser beim Töten von Ausländern, die sich weigern, mehr Geld herauszugeben, als Zuhälter und Strichjungen, als Hehler oder selbst als Diebe. Dennoch: immerhin, Abdel hatte wenigstens ein Einkommen und unterstützte mit kleinen Beträgen den zukünftig gemeinsamen Haushalt der großen Familie.

Papa war immer ein strenger Man. Heute ist er alt und kann sich ohne Hilfe kaum noch bewegen. Er hustet viel. Er hat Probleme mit seinen Lungen, aber auch mit dem Gewicht. Mamans Küche ist traditionell und gut. Papa liebt die Küche von Maman. Papa liebt ebenso Maman. Er liebt diese Frau, die mehr als jeder andere Mensch an seiner Seite geblieben ist. All die Jahre, draußen auf dem Land, den Nachwuchs aufziehend, die Kühe melkend, den Acker bestellend, kochend, das Haus reinigend und die Kinder antreibend, zur Schule zu gehen. Sie hassten es. Nur nicht Chadidja. Alle anderen nahmen die Pflicht. Drei Jahre für ein Leben. Ein Leben in Marokko braucht keine Bildung. Es bedarf hier nur der Ausdauer. Denn mit dem Tod kommt das Paradies. Ganz automatisch, so Gott will. So steht es auch im Koran, bestimmt, denn eigentlich weiß man das nur vom Hörensagen. Wer kann schon lesen, und wer las schon den Koran? Für die Eltern waren die Kinder eine große Enttäuschung. Für die Kinder ist das Leben ein langsames Sterben. Da bleibt niemand dem anderen etwas schuldig. Doch alle beten zum selben Gott, der immer den Falschen zu geben scheint, den Richtigen nimmt. Aber auch das weiß keiner so genau, denn das hiesige Glaubensbekenntnis sieht keine Fragen vor. Noch heute wirkt Maman jung. Sie ist sehr schlank, ja drahtig kann man sagen, steht als erste morgens in der Küche, und sie ist diejenige, die als letzte die Augen schließt, wenn sie weiß, dass alle im Haus ihre Ruhe gefunden haben, sie sich nicht mehr sorgen muss.

Früher war Papa ein stattlicher Mann, ein gut aussehender Mann und er war hart. In Marokko ist es nötig, hart zu sein auf dem Land, um eben diesem die Früchte abzutrotzen mit Arbeit, aber eben auch mit Ausdauer und Härte. Papa trotzte, natürlich nur zusammen mit Maman, die ihm zwar viele Kinder gebar, von denen aber keines zur Sicherung der Rente gereichte. So blieb Papa hart, und mit den Jahren folgte Maman ihm in dieser Eigenschaft. Was würde sonst noch bleiben? Die drei im Haus verbliebenen Jungs arbeiteten, so viel sie konnten, aber nicht wirtschaftlich. Das wenige eingebrachte Geld war schnell verbraucht, das Taschengeld wird von Zeit zu Zeit in Huren investiert, die für zwanzig Dirham und manchmal auch noch ein Essen den Dreien, einem nach dem anderen zu Diensten ist. Danach müssen sie gehen, denn die Möglichkeiten der Frauen, einen Mann die Sinne zu rauben, sind teuflische und müssen durch viele Übungen in Schach gehalten, ja gezähmt oder auch abgebaut werden. Und gerade eine Hure ist der Inbegriff eben dieser teuflischen Möglichkeiten, ist sie nicht der Körper gewordene Teufel selbst. Der kleine Rest des Einkommens reicht kaum für Zigaretten, Barbesuche oder die Flasche Whisky, die einer der Jungs mit seinen Freunden in wenigen Minuten leert, um sich Mut anzutrinken, um endlich einmal hart zu sein wie ein Mann, um Geschichten erzählen zu können mit geschwollener Brust und um sich Respekt zu verschaffen für Menge und Geschwindigkeit. So wird gestohlen, Geld sogar im Haus eines guten Freundes der Familie. Maman fragt sich dann weinend, am ganzen Körper schüttelnd und die Hände immer und immer wieder gegen die Schläfen schlagend, warum Allah ihr das bloß antun würde. Und die nicht an Gott glaubende Chadidja weint ebenso und pflichtet in dieser Fragestellung die Mutter im Arm haltend eben dieser bei.

Abdullah war meine Nervosität aufgefallen, mit der ich ihn, Cederic und mich selbst durch die Medina trieb, um nun endlich nach 18 Monaten Suche und der Besichtigung von über 100 Riads, die zum Teil jeder Beschreibung spotteten, auch eines für mich zu finden, mein Andalusien, mein neues Syrien, meine Heimat, mein neues Zuhause, mein Platz in der arabischen Welt für meine Rückkehr. Wie oft war ich schon angereist? Wie oft hat es Missverständnisse gegeben? Wie oft schon wurden wir von Verkäufer betrogen oder sie haben es versucht? Wie oft habe ich beinahe etwas gekauft, das als solches gar nicht existierte? Wie oft hatte ich bei dieser Inkompetenz der Makler in Marokko, zumeist in Frankreich gescheiterte Existenzen und der für Mitteleuropäer unvorstellbaren kriminellen Energie der einheimischen Marrakschi abgebrochen, bin abgereist und zuletzt immer wieder gekommen, um mein Ziel zu erreichen, koste es was es wolle?

Abdullah spürte diese Nervosität und erinnerte sich daran, dass er vor Monaten ein Riad aufgenommen hatte, das noch jetzt zum Verkauf stand, sich in bester Lage befand und vom Baustil her denen in Fes glich, aber wie vieles in der Agentur in Vergessenheit geraten war. Eine letzte Chance an einem Oktobertag. Es hatte geregnet in Marrakesch, der Himmel wolkenverhangen, Menschen stampften durch den Matsch und gingen ihren Tagesgeschäften nach. Esel schleppten Möbel. Maultiere zogen schwer beladene Karren hinter sich her und wurden von ihren Eigentümern mit harten Hieben angetrieben. Ich dachte noch, dass es kein Leben gäbe für Tiere in diesem religiösen Land. Wenige Minuten später kamen wir am Kino vorbei, hundert Meter, vorbei an unzähligen kleinen Läden, in denen Teppiche zum Verkauf angeboten werden, Wäschereien, Frisörgeschäfte, Kioske oder unzählige kleine Geschäfte, die immer und immer die gleichen Souvenirs anbieten, unterschiedlich sind nur die Geschichten, die einem der Verkäufer erzählt. Hier hält man es für Verkaufstalent, in Deutschland würde man es als Lügen und Betrug verstehen, was es eigentlich auch ist. Weiter ging es zu einem Tunnel, altertümlich, dunkel und niedrig, geheimnisvoll, mystisch und anziehend. Wir durchschritten die wenigen Meter, an einer Bäckerei vorbei, einer öffentlichen Toilette, einem Händler, der Ziegenkäse verkauft und wieder einem Laden mit Souvenirs, einem Cyber-Café und einem Gemüsestand, links in die nächste Gasse, wieder durch einen Tunnel hindurch. Dieser Gasse bis zum Ende folgend und rechts ebenso bis zum Ende, kamen wir endlich vor einer alten Holztür zum Stehen, die in ein Haus führt, das selbst keine Außenwände hat, von allen Seiten von anderen Häusern eingemauert ist und nur diese Tür als sichtbares Zeichen für die Außenwelt darstellte, dass sich hier eine Wohnstatt befindet, und umgekehrt für die Bewohner war diese Tür der einzige Weg, in eben diese Außenwelt zu gelangen, in der ich nur unbewusst die Frau am Boden zur Kenntnis nahm, die mit ihren beiden schmutzigen Kindern, im Straßendreck sitzend, zerrissene Kleider, kaputtes Schuhwerk, bettelnd und nichts bekommend, neben Müll, immer wieder durch die vorbei rasenden Motorräder beschmutzt werdend und dachte noch ganz kurz, dass es keine Würde gibt für Arme Menschen in diesem religiösen Land, und die Mehrzahl der Marokkaner ist arm.

Ein Riad ist ein typisches marokkanisches Haus in der Altstadt, das sich insbesondere dadurch kennzeichnet, dass es zumeist keine oder nur kleine Fenster zur Straße oder Gasse hat. Dieses hat keine. Die Empfangs-, Wohn- und Schlafräume gruppieren sich um einen nach oben hin offenen Innenhof, durch den die nach innen gerichteten Räume, hier befinden sich auch die Fenster und Türen, Licht erhalten. Im Gegensatz zu der in Mitteleuropa bekannten Bauweise sind die Räume in diesen zwischen 100 bis 800 Jahre alten Häusern sehr lang, dafür aber weniger tief. Das kommt den Witterungsverhältnissen und der Ausleuchtung der Räume sehr entgegen. Öffnet man jedoch die Fenster und Türen, verbindet sich der Raum mit dem Innenhof oder in den Etagen mit der Galerie und vergrößert sich um eben diese Flächen.

Es wäre noch viel zu tun in diesem Haus, bevor ich es beziehen könnte, dachte ich, nur eine in den Boden eingelassene Toilette, eine Dachterrasse die eher einer Bauruine gleicht, grauenhafte Kacheln an den Wänden, ebenso scheußliche Fliesen auf den Böden in den Räumen und der Halle, der Galerie und dem Treppenhaus, Säulen, die das erste Obergeschoss und die Terrasse tragen, dunkle lange Zimmer mit sehr hohen Decken, keine Bäder, keine Küche, ausnahmslos keine Dekorationen, keine Leitungen für Wasser oder Strom, geschweige denn Telefon und Internet, der Putz bröckelt von den Wänden, die wiederum zeigen Risse. Träger sind verbogen, die Böden uneben. Die Zimmertüren oder Fenster schließen nicht oder können nicht geöffnet werden. Dennoch, mein Traum wird wahr, dachte ich, mein Traum, mein Riad in Marrakesch. Das wurde mir in dem Augenblick klar, als die Ruhe und Gelassenheit, die das Gebäude ausstrahlt, über mich, den Fremden, inmitten des Innenhofes stehend, hinwegschwappte und sich einverleibte, mir die Nervosität des Suchens und Nichtfindens nahm, die Nervosität, die mich auch heute wieder Stunde um Stunde durch die Gassen getrieben hatte, seit 18 Monaten unaufhörlich in dieser Stadt.

Papa sagte ja. Er schaute mich wieder mit seinen alles durchdringenden Augen an und sagte ja. Abullah erklärte mir, dass dieses Ja ein Nein für das höhere Gebot des Franzosen ist, der zu seinem Besichtigungstermin schon mit Tüten erschienen war, in denen er sein Schwarzgeld mit sich führte. Abdullah sagte auch, dass dieses Ja eine Zustimmung für die von mir gebotene Summe ist, die weit unter der Forderung der Familie liegt. Nun will Papa beten, sagt Abdullah. Maman nimmt mich in die Arme, drückt und küsst mich herzlich in meinem neuen Haus.

Geschichte der Riads

Ein Riad ist ein typisches marokkanisches Haus in der Medina (Altstadt), das sich insbesondere dadurch kennzeichnet, dass es zumeist keine oder nur sehr kleine Fenster zur Straße oder Gasse hat. Die Empfangs-, Wohn- und Schlafräume gruppieren sich um einen nach oben hin offenen Innenhof, durch den die nach innen gerichteten Räume, hier befinden sich auch die Fenster und Türen, Licht erhalten. Diese nach außen abweisende und nach innen offene Bauweise spiegelt die Wichtigkeit der Privatsphäre wider, ist aber auch den Witterungsverhältnissen geschuldet.

Der Begriff Riad kommt aus dem Arabischen und heißt übersetzt Garten. Wenngleich sich in den Gassen (Derbs) auch keine Pflanzen befinden, so sind die meisten traditionellen Riads noch heute im Hof oder auf der Terrasse bepflanzt, einem Garten oder einer Oase ähnlich mit Blumen, Orangen- und/oder Zitronenbäumen sowie einem zentralen Brunnen. Die Hauptstadt des heutigen Saudi Arabiens trägt ebenso diesen Namen und wurde entsprechend geplant und angelegt.

Die Basis dieser Architektur ist die Weiterentwicklung der römischen Villen und der Anlage der römischen Stadt Volubilis in der Nähe von Meknès zur Zeit der Herrschaft der Dynastie der Idrisiden (788 bis ca. Mitte des 11. Jahrhunderts). Volubilis erlebte ihre wirtschaftliche Blütezeit von 42 vor bis 285 nach Christi als Hauptstadt der römischen Provinz Mauretania Tingitana, und ihre Bauten und Ruinen stellten nun den Rahmen der Entwicklung der Riad-Architektur.

Als die Almoraviden im 11. Jahrhundert endgültig Spanien eroberten, sandten sie jüdische, muslimische und christliche Handwerker in das damals als Nation noch nicht existierende Marokko, um dort zum Einen die Denkmäler zu restaurieren und renovieren, aber auch um auf Basis der Ruinen städtebaulich aktiv zu werden. Diese entwickelten aus den dortigen Beständen, allerdings auch wegen der Umstände und Verhältnisse die Idee, Räume um einen zentralen Hof zu gruppieren.

Im Gegensatz zu der in Mitteleuropa bekannten Bauweise sind die Räume in diesen zwischen 100 bis 800 Jahre alten Häusern sehr lang, dafür aber weniger tief. Das schützt nicht nur vor den zeitweise extremen Wetterverhältnissen, sondern ermöglicht auch eine gute Ausleuchtung der Räume bei gleichzeitigem Schutz vor dem direkten Einfall der Sonne. So bleiben die Bewohner z.B. in Marrakesch von den starken Wetter-Schwankungen besser geschützt, da bedingt durch das Atlas-Gebirge in den Wintermonaten Nullgrade erreicht werden, im Sommer die Hitze der nahen Sahara bis über 50 Grad im Schatten ansteigen kann.

Öffnet man jedoch die Fenster und Türen, verbindet sich der Raum mit dem Innenhof oder in den Etagen mit der Galerie und vergrößert sich um eben diese Flächen, eröffnet den Bewohnern eine großzügige Geräumigkeit, umgekehrt jedoch auch Separation und zuletzt Schutz vor den Blicken Fremder.

Viele Riads werden heute von zumeist Europäern sehr liebevoll restauriert und dienen in Essaouira und Marrakesch als kleine Hotels, Restaurants oder Museen, manche werden privat genutzt. Die Wände sind traditionell mit Tadelakt verputzt oder mit dekorierten Kacheln verkleidet, die Fenster- und Türdurchbrüche mit Gips-Arbeiten verziert, die Böden mit länglichen Fliesen, einem Fischgrät-Muster ähnlich, oder aber mit Marmor und kleinen Mosaiken ausgelegt und die Holzarbeiten geschnitzt oder farbig mit diesen Arabesken und Mosaiken verziert.

An Wintertagen

Heute hatten wir 25 Grad im Schatten. Dennoch spürt man gerade nachts die Kälte der Wintertage die sich vom Hohen Atlas, wo der Schnee die Gipfel bedeckt, hinunter ins Tal hin nach Marrakesch schleicht, um allmorgendlich erneut den Kampf mit der Sonne aufzunehmen. Der Himmel erscheint immer blau, ein schönes sattes Hellblau, durch das sich einige goldene Sonnenstrahlen hindurch bewegen. Manchmal erscheint es mir, als würde die rote Stadt leuchten, gerade morgens, wenn sie aus dem Schlaf erwacht.

Ich höre das Rufen der Altwarensammler. Die ersten Pferdekutschen sind unterwegs, in der Hoffnung, auf einen Touristen zu treffen, der sich bereit findet, dieses traditionelle Gefährt einem Taxi vorzuziehen. Noch ist nicht viel los, so habe ich also die Chance, völlig entspannt in die Medina zu fahren, dort dann in mein Riad zu gehen, um zu sehen, wie die Arbeiten voranschreiten. Die Straßenhändler beginnen damit, sich ihre Plätze zu suchen. In den vielen Souks werden die garagentorartigen Verschläge hoch gerollt, hinter denen sich endlose Massen Lampen, Teller, Stickarbeiten, Stoffe, Schals, Kleider, Lederwaren, Metall- und Holzarbeiten zusammengerottet hatten, um gemeinsam die letzte Nacht zu überstehen, in der Hoffnung, dass einer der europäischen Besucher sie heute für sich entdeckt, sie aus der Namenlosigkeit zu einem Einzelstück werden lässt, am Hals einer Dame, am Arm vielleicht, im Wohnzimmer einer Familie aus einer Vorstadt von Paris, vielleicht als Geschenk für die daheim Gebliebenen, aber eben nicht mehr gelagert ihr Dasein zu fristen und Tag für Tag dem Spiel der Händler und der Kunden folgen zu müssen, die um ihren Preis feilschen.

Der Kellner im Café France stellt Tische und Stühle auf, eine Goldgrube, jeder hat hier mal gesessen, eine Institution, leicht heruntergekommen, aber zentral und mit guter Übersicht über das Treiben am Beginn der Medina, auf dem großen Platz, auf dem um diese Zeit noch die Schlangen müde in den Bastkörben verweilen, die Flötenspiele ihrer Meister ignorierend, es sind ja schließlich noch keine Schaulustigen zu sehen, die Safthändler ihre Stände aufbauen und jemand die Flächen der Garküchen reinigt, die am späten Nachmittag aufgebaut werden, um die hungrigen Gäste unter freiem Himmel zu sättigen.

Mein Weg führt mich zur Derb El Arsa, vorbei an alten Häusern, durch kleine Gassen hindurch, am Kino vorbei, das in einem traditionellem alten Riad seine Nische gefunden hat, vorbei an einem Frisörladen, klein, altmodisch, aus einer anderen Welt, wirklich noch ein Barbier, wenig Geräte, Scheren, die er selbst noch schärft, ein Händewaschbecken für die Köpfe der Kunden, kaltes Wasser, kaputter Spiegel, ein Fön aus den 70ern, eigentlich ein Sammlerstück, ein Ledersessel, dessen Polster sich schon vor Jahren aus dem engen Korsett des Leders befreit hat.

Durch das kleine Tor hindurch, leicht gebückt, an einer öffentlichen Toilette vorbei, vorbei an einer Bäckerei, an einem Supermarkt, der nicht größer ist als eine Besenkammer, an einem Olivenhändler vorbei, linker Hand durch die Wohngasse, über Asphaltsteine hinweg, an Häusermauern entlang, ganz ohne Fenster, nur Türen, alle geschlossen, rechts dann in die Derb El Arsa, ganz am Ende dann die Eingangstür meines Riads, in einer Sackgasse, kein Verkehr, keine Touristen, Ruhe, keine Geräusche in der Mitte einer Medina, in der es niemals Ruhe zu geben scheint. Derb El Arsa, die Gärten, wo nur, zwischen den engen Gassen, wo kein Baum einen Platz finden könnte?

Das Riad ist ein traditionelles Haus. Faktisch sind keine Außenmauern vorhanden, nur das kleine Stück, in dem sich auch gleich der Eingang befindet, in der Mitte anderer Riads, drum herum gebaut, Mauer an Mauer, Wand an Wand. Jeder Besuch, jede Kontrolle überwältigt mich immer wieder. Es ist herrlich, die wunderbaren und zahllosen Stuckarbeiten zu betrachten, die seit meinem letzten Besuch entstanden sind, die handgeschnitzten Decken, die Decken- und Wandmalerei, die wunderbaren Marmorbäder, deren Waschbecken aus einem Stück geschlagen sind, die Holztüren und Fensterläden mit wunderschönen Farbkombinationen bemalt, Arabesken, graphische Motive, Tausendundeine Nacht, Wirklichkeit geworden in eben diesem Haus, diesem traditionellen Riad, dessen Zimmer sich um einen Innenhof reihen, in dessen Mitte ein Bassin nur darauf wartet, mit Wasser gefüllt für beruhigende Geräusche und eine leicht feuchte Kühle im Sommer zu sorgen.

Heute ist mein Tag, denke ich noch, während mein Blick vom Bassin über die Bodenmosaike, an den Mauern empor, vorbei an den Stuckarbeiten, hin zum Himmel wandert, meinem Himmel, ein Stück blauer Himmel über Afrika in meinem Haus und die endlose Ruhe, die die alten Steine, die dicken Mauern, der Wechsel von Fläche und Farbe, die Säulen, die Bögen und die herrlichen Holztüren vermitteln.

87

Neujahr in Marrakesch

Es ist halb fünf. Noch ist die Sonne nicht aufgegangen. Der Muezzin ruft zum Gebet. Ein fremdartiger Sprechgesang, an den ich mich in den letzten 13 Monaten gewöhnt habe, weckt mich behutsam. Das erste der fünf täglichen Gebete, die ein gläubiger Muslim zu seinem Herrn betet. Der Muezzin erinnert und ruft auf, von dem Minarett ganz in der Nähe. Leiser hört man die vielen hundert anderen Gebetsrufer von entfernten Minaretten die Formeln des Korans rufen. Es klingt wie das Rauschen des Meeres, langsam, schäumend, im Sand versickernd, lauter und leiser werdend im Rhythmus, an die Sprechgesänge von Mönchen in Klöstern erinnernd, wie die Gesänge der Mönche in Neuburg, wo ich vor so vielen Jahren für einige Wochen im Benediktinerkloster gelebt hatte und eben solche und ähnliche Gesänge wie das Gurren der Tauben verstand, das mich heute weckt, aber gleichzeitig auch wieder in eine Art Dämmerzustand fallen lässt, in eine Meditation, so wie es von St. Benedikt seinerzeit gewollt gewesen war.

Wir haben die letzten Tage des Jahres 1427 islamischer Zeitrechnung. Die nur wenig roten Häuser in der roten Stadt wirken um diese Zeit erdig braun. Sterne durchbrechen das tiefe Schwarz des Himmels über Afrika. Ich bin müde, drehe mich zum Fenster, es ist noch Nacht für mich. Ich möchte schlafen, weiterschlafen, und der Muezzin hilft mit seinen Worten, mit seiner Melodie, die mich wieder in meine Träume begleiten.

Ausnahmezustand in Marrakesch. In der christlichen Welt begeht man bald Neujahr, in der islamischen Welt - im Mittelalter - das Opferfest zum Gedenken an den Propheten Abraham, der dort als Ibrahim bekannt ist, überall in den Seitenstraßen der Neustadt, überall in der Medina tausende Schafe. Es wird gehandelt und gefeilscht, Größe, Aussehen, Gewicht, ein lebendes Schaf, das zuhause geschlachtet wird. Autos beladen mit Tieren, Kutschen, Fahrräder, Busse, endlose Menschenmassen, alles ist versperrt, überall wird gehupt, keiner kommt weiter, mittelalterliche Gerüche, mittelalterliche Märkte, eine andere Welt, ein Traum offenbar, ich träume oder sind die Autos der Traum, der Wagen, in dem ich mich durch das Gewühl kämpfe, die Motorräder und anderen Fahrzeuge? Bin ich aus eben einem Traum, den wir in Europa träumen und im Schlaf über 630 Jahre zurück gegangen, zuerst mit meinen Gedanken, nun aber auch in Wirklichkeit, zurück in die dritte Königsstadt Marokkos, die nach Féz, nach Meknes von jenen Arabern gegründet wurde, die aus Andalusien vertrieben wurden?

Mein Freund Talal, der für die Polizei des Innenministeriums arbeitet, ist sichtlich nervös. Es herrscht Anspannung in der Stadt. Der König kommt aus Rabat, begleitet von einem Scheich aus den Emiraten, Neujahr steht bevor, und Hussein ist zum Tode verurteilt worden. „Wenn diese Tage nur ruhig vorbeigehen", sagt er mehr zu sich als zu mir, telefoniert laufend mit seinem Handy, wird von seinen Vorgesetzten angerufen, gibt Auskunft, alles ist normal, es gibt keine Aufregung, Menschen protestieren nicht wie in anderen Ländern der arabischen Welt, obwohl man Hussein auch hier als Helden betrachtet und die Mehrheit seinen Tod als falsch empfindet. Wird es Demonstrationen geben? Werden die Menschen auf der Straße das Opferfest zum Anlass nehmen, zu protestieren gegen die Hinrichtung, gegen die Amerikaner, gegen den Westen und eigentlich und tatsächlich gegen die Umstände, in denen sie leben, die bittere Armut, die Arbeits- und Hoffnungslosigkeit ihrer Jugend, deren Traum es ist, in eben diesen Westen zu ziehen, einmal nur Wohlstand zu erfahren, einmal eine Chance zu bekommen, die sie nie wieder loslassen würden, egal was es kostet?

„Wir sind ein Land der Dritten Welt, aber bei der Sicherheit sind wir in der Ersten", klärt mich Talal auf, beruhigt er mich, obwohl ich nicht beunruhigt bin. Er selbst scheint sich langsam zu beruhigen, von mir angesteckt, obwohl er wissen müsste, dass seine Landsleute nicht wirklich aggressiv sind, dass seine Glaubensbrüder nicht kämpfen mögen, nicht gerne streiten, nicht gewalttätig sind. Talal nennt mich naiv und hat selbst eine sehr schlechte Meinung von den Marokkanern, und er müsse es ja wissen, sagt er mir. Es gilt, sich auf dieses große Fest vorzubereiten, rechtzeitig zu Hause zu sein, die rituelle Schlachtung vorzunehmen, damit die Frauen das große Mahl bereiten können, an dem die ganze Familie zusammensitzt, nicht über Politik spricht, sondern über den Alltag, das Fernsehprogramm, darüber, wer gestorben ist und wer ein Kind bekommen hat, manchmal auch über Wünsche und Träume für ein neues Jahr, nicht anders eben als im Rest der Welt.

Das Klopfen auf die Motorhaube reißt mich zurück in die Wirklichkeit, in das Jahr 1427. Die Sonne scheint, wie eigentlich fast immer. Der Himmel strahlt in einem wunderschönen Blau. Behutsam wiegt der Wind die Palmenfächer. Um mich herum zufriedene Gesichter. Kinder spielen auf den Straßen. Männer haben ihre Probleme mit dem Verladen und dem Transport der erworbenen Tiere. Es ist warm. Das schier niemals endende Leben um mich herum befördert mich und meinen Wagen hinaus aus dem Getümmel, auf die Landstraße hinaus, dorthin, wo man immer die Berge sieht, egal wie schnell oder langsam man fährt, den Atlas, der in so vielen Farben lockt, dessen Gipfel mit Schnee bedeckt sind, dessen Weiß sich wunderbar von dem gleichmäßigen Blau des Himmels absetzt. Ausnahmezustand in Marrakesch, weil die Menschen einfach feiern wollen, trotz der Armut, trotz des königlichen Besuches, einfach feiern und an nichts anderes denken wollen als an das familiäre Zusammensein beim Essen und Trinken, und selbst Talal beginnt, sich zu entspannen und lädt mich zu sich und zu seiner Familie nach Hause zum Essen ein.

Ein Märtyrer

Hicham besitzt zusammen mit seiner Familie und einem Partner mehrere Läden in der Altstadt von Marrakesch. Er ist Mitte dreißig, trägt einen Vollbart und ist stark übergewichtig. Hicham kleidet sich ausschließlich in der traditionellen marokkanischen Djellabah, was seiner Figur sehr entgegenkommt. Tatsächlich hatte Hicham bisher sehr viel Glück in seinem Leben. Er hat auf jeglichen Schulbesuch verzichtet, ist nicht einmal in der Lage, seinen eigenen Namen in arabischen Lettern zu schreiben, kann natürlich nicht rechnen, geschweige denn Kalkulationen erstellen. Da geht es ihm ähnlich wie den meisten Geschäftsleuten in der Altstadt, doch Hicham ist aufgrund des Mixes seiner Produkte und Standorte erfolgreich, für hiesige Verhältnisse sogar sehr erfolgreich.

Faktisch hat Hicham außer seinem Beruf keine weitere Beschäftigung. So verbringt er den ganzen Tag bis in die Abendstunden in einem der Läden und weiß, dass Allah ihm früher oder später einen Kunden in das Geschäft treiben wird. Neben dieser Hoffnung beschäftigt er allerdings auch noch Mahmoud, einen 24jährigen Mann, der lesen und schreiben kann, französisch, englisch und sogar ein bisschen deutsch spricht und in diesem Hauptgeschäft versucht, Ausstattungs- und Dekorationsobjekte an Touristen zu verkaufen und ansonsten der Hoffnung Hichams wahrhaftig zur Seite steht. Dafür bekommt er eine Provision von acht Prozent, und das ergibt manchmal zehn Euro im Monat. Den Straßenkindern, wie man die Jungs nennt, die in der Medina in den Läden als Verkäufer arbeiten, geht es nicht gut in Marokko. Aber bei genauem Hinsehen geht es eben fast allen Menschen nicht gut im Land des Königs Mohammed VI., der allein in Marrakesch drei Paläste unterhält, gerade dabei ist, einen neuen bauen zu lassen und dessen Lieblingsausstattungsmerkmal in Badezimmern Gold sein soll. So schrieben es die Illustrierten in Frankreich. Das führte sogar hier ein bisschen zu Unmut und das, obwohl eben dieser sechste Mohammed ein Nachfahre des Propheten Mohammed sein soll und damit ja doch unfehlbar.

Hicham liebt seine Geschäfte und liebt natürlich auch das Geld, eine weit verbreitete und wahrhaftige Liebe im Land am Maghreb. Alle Waren, die in dem Geschäft angeboten werden, werden ebenso in fast allen Läden Marrakeschs angeboten. Eigentlich handelt es sich bei den Souks auch nicht um die Orte der meisten Möglichkeiten, sondern um die, die am ehesten die Gäste betäuben, die Augen betören, die Sinne berauschen und die Menschen in sich hineinsaugen oder ziehen, so wie es auch größer und schneller werdende Stromschnellen tun, und zudem sind Souks Orte, deren eigentlicher Sinn es ist, die Einkaufswut der Fremden zu wecken. Im Souk geht es nicht um die Kaufmannsehre oder darum, anderen Menschen eine Freude mit den feilgebotenen Waren zu machen. Es geht auch nicht darum, im Handeln und Feilschen den mittleren Weg gefunden zu haben und für alle zufriedenstellend auseinander gegangen zu sein. Im Souk geht es nur darum, in kurzer Zeit soviel wie möglich aus dem Gegenüber herauszuholen, sei es das Letzte, was er mit sich führt, sei es nur durch Lügen und Betrug zu erlangen. Im besten Falle kommt der Kunde ohnehin nicht wieder. Marrakesch ist ein Tagesausflug, dann schon folgen Meknes und Fes. Die vielen Lampen, Vasen, Keramiken, Silberarbeiten aus Metall, die seidenen Stoffe aus Kunstfasern oder das wunderbare marokkanische Kunsthandwerk aus Indien, die falschen Markenartikel aus China, das Plastikspielzeug aus Taiwan, die T-Shirts aus Korea, alles wird so oft kalkuliert, dass der Kunde es selbst dann noch um ein Vielfaches überzahlt, wenn er den Preis nach langem Handeln und Ringen endlich auf die Hälfte gedrückt hat. Das Fünffache des Einkaufes ist üblich, manche treiben es noch schlimmer. Betrug ist erlaubt in Marokko. Die Polizei macht es vor, die Angestellten der Behörden, die Notare und Rechtsanwälte. Kein Job ohne Kontakte und Bestechungen, kein Recht vor Gericht, ohne vorher den Richter bezahlt zu haben, keine Chance auf Leben, wenn nicht so flüssig, dass der Arzt sein Geld bekommt, selbst wenn der Kunstfehler anschließend tötet.

Mahmoud versteht Hicham nicht. Die Preise im Geschäft sind überhöht. Selbst hier in der Medina kaum noch zu überbieten. Hicham aber will sie jedoch nicht senken. Für Mahmoud ist das ein großes Problem, weil die Touristen vergleichen, und weil er schon lange nichts mehr verkauft. Natürlich ist Mahmoud damit einverstanden, die Touristen zu übervorteilen, das würde jeder tun, doch darf das für die nicht erkenntlich sein. Mit Hichams Preisen ist es aber erkenntlich, die Käufer bleiben fort. Er, Mahmoud, lebt nur von der Provision, sieben Tage die Woche, zehn Stunden am Tag. Er bekommt keinen Stundenlohn, und seine Familie zuhause braucht das Geld. Gerade seine Mutter, die sich ihren Ehemann, Mahmouds Vater, mit einer weiteren Frau teilt. Diese zweite Frau hat natürlich auch Kinder. So bleibt nicht viel, was der Vater der ersten Frau noch geben kann, geschweige denn geben will. Ohnehin ist die jüngere Frau die Favoritin, ihre Kinder sowieso.

Mahmoud ist der jüngste der drei Brüder aus der ersten Ehe, die zusammen mit Vater und Mutter in einer so kleinen Wohnung gelebt haben, dass es niemals für irgendwen auch nur eine Minute der Privatsphäre gegeben hat, nicht einmal auf der Toilette, die hier in einem Loch untergebracht ist, das auch gleich schon die Dusche beherbergt. Alles in einem. Die beiden Brüder sind aus dem Haus. Der eine arbeitet als Fahrer. Der andere hat selbst schon eine Familie, ist in einer anderen Stadt als Polizist tätig und verdient mit den Einnahmen auf der Straße sehr viel Geld. Manchmal landet davon etwas bei der Mutter. Manchmal hilft Mahmoud allerdings auch, dieses viele Geld auszugeben. Dann spricht er in den arabischen Hotels, in den dortigen Bars die Prostituierten für seinen Bruder an, die sich von ihm einfangen lassen, dann aber seinem Bruder dienlich werden müssen, sucht die Appartements, klärt die Sex-Praktiken vorher, damit es nicht hinterher wieder zu Problemen kommt, wie es einmal schon geschehen war. Die Männer nehmen die Frauen gern von hinten. Doch mögen die meisten Prostituierten diese schmerzhafte Praxis nicht, insbesondere weil die Marokkaner nicht dazu neigen, besonders vorsichtig vorzugehen. Nun klärt Mahmoud alle Probleme gleich zu

Beginn und wird mit viel Alkohol, Zigaretten und dem Gefühl, wer zu sein in dieser Bar, belohnt.

Verdient Mahmoud Geld, so steht der größte Teil davon seinem Vater zu, der ihn schließlich all die Jahre ernährt und gekleidet hat. Ein weiterer Teil geht an die Mutter als Kostgeld und natürlich auch, weil sie ihn zur Welt brachte und weil sein Lebensziel es ist, immer für seine Mutter da zu sein, als Jüngster sein Leben ihr und dem Vater und deren Alter zu widmen, keine Ehe, keine Frau, keine Kinder, kein wirklich eigenes Sein. Und überhaupt, Mahmoud mag auch keine Frauen. Einmal hatte er es mit einem jungen Mann versucht, der sich in der Medina verfahren hatte und ihn auf der Straße um Hilfe bat. Mahmoud beteuerte ihm seine Liebe vom ersten Augenblick, stellte ihn seiner Mutter und sogar dem Vater vor, doch alle Versuche, diese Beziehung und das damit verbundene endgültige Liebesversprechen durch die sexuelle Einvernahme des Fremden abzurunden, misslangen. Mahmoud kam nicht auf die Idee, womöglich gar nicht schwul zu sein. Er ist sich heute noch sicher, dass es an den Umständen gelegen haben muss, dass es eben nicht einfach war, seinen Pflichten als Mann gerecht zu werden, das erste Mal und dann noch mit der Angst, entdeckt zu werden, schlimmer aber noch, zu versagen, so wie er in den Augen seiner Eltern und Brüder schon immer versagt hatte. Es musste gelingen. Denn das kann nun wirklich jeder in Marokko. Mahmoud scheiterte.

Das wenige Geld, das übrig bleibt, reicht zumeist nur für einige Gramm Haschisch, für einen Joint, für einige Züge mit seinen Freunden, denen es ebenso schlecht geht wie ihm, die auf der Straße auf seine Rückkehr warten, damit er ihnen vom Tag erzählt, die vielen Geschichten erzählt, von denen er nicht eine erlebt hat. Sie sinken dann zusammen, schmiegen sich aneinander und schlafen ein. Sie erscheinen dann wie Kinder, die zum Sterben verurteilt sind.

Mahmoud versteht Hicham nicht. Hicham weiß, dass alle Waren zu hoch kalkuliert werden. Er weiß auch, dass die Hotels jährlich mit einer sehr hohen Provision zu bedenken sind, damit deren Führer die Reisenden in die vorbestimmten Läden führen und von der staatlichen Qualitätskontrolle sprechen, die die Europäer immer gleich für den Kauf einer Ware einnimmt, selbst wenn die Qualität der in tausend anderen Läden des Souks gleicht, manchmal sogar schlechter ist. Hicham will nicht zahlen und bleibt die Erklärung schuldig, während er mit seinen Händen das von Mahmoud bezahlte halbe Hähnchen auseinander reißt und nach und nach in seinen Rachen schiebt und es ohne viel Kauen verschlingt. Hicham wird in diesen Augenblicken für Mahmoud zu einem Monster, das alles nimmt und niemals etwas wiedergibt, das hinunterwürgt und nichts versteht, nicht das Geschäft versteht, nicht zu leben versteht, nicht einmal Mahmoud versteht, der schon so lange zu ihm hält und kostenlos arbeitet. Da bleibt Mahmoud nur noch der Alkohol. Irgendwo lässt sich etwas Bier auftreiben, oder ein Fremder ist bereit und bezahlt sogar so lange, bis Mahmoud ihm in die Arme fällt, weil er nicht mehr sitzen, geschweige denn stehen kann.

Einmal lernte ich Mahmoud in eben diesem Laden von Hicham kennen, der sich ganz in der Nähe jener Gasse befindet, in der ich mein Haus gerade renovieren lasse. Mahmoud war sehr charmant und legte es nicht darauf an, mir etwas zu verkaufen. Damit es auch gar nicht erst dazu kam, sagte ich ihm gleich, dass eigentlich alle hier ausgestellten Waren überall zu finden seien und zudem auch noch viel zu teuer. Mahmoud lachte. Ich lachte auch, weil sein Lachen so herzlich war. Nach einigen Wochen, in denen wir uns kennen lernten, bot ich ihm an, seine Situation dadurch zu verbessern, dass er in meinem Haus das schon fertig gestellte Zimmer auf der Terrasse bezieht und dort somit nicht nur sein eigenes Zimmer bekäme, sondern natürlich auch ein eigenes Bad. Zudem würde ich ihm für diese nächtlichen Wachdienste, die mit Wachen nur wenig zu tun hatten, konnte er auch schlafen, ein monatliches Honorar bezahlen. Er hätte ein regelmäßiges Einkommen. Er hätte auch eine schöne und eigene Umgebung, und zudem konnte er immer noch täglich versuchen, Hicham von seinen Ideen zu überzeugen oder darauf zu hoffen, dass einer der Touristen dumm genug war, in Hichams Laden einzukaufen oder vielleicht dem dann sehr teuren Charme Mahmouds zu verfallen. Zuerst konnte er nicht glauben, was er hörte, zudem hatte er Sorge vor dem, was die anderen hier auf der Straße dazu sagen würden, doch nach und nach überkam ihn eine große Freunde und er versprach mir und sich, diese Möglichkeit als Chance für seine Zukunft zu verstehen. Mahmoud zog ein, obwohl der größte Teil des Hauses noch eine Baustelle war. So aber war es bewacht, und ich musste nicht täglich aus der Neustadt kommend nach dem Rechten schauen. Das Gleiche galt für meine Wohnung in Gueliz, sollte ich mich nicht im Land befinden.

In Accra war es früher Abend, insbesondere war es aber heiß, bedingt durch die sehr hohe Luftfeuchtigkeit. Ich lag auf meinem Bett, als mich der Anruf Talals erreichte. Wie schon während meiner anderen Auslandsaufenthalte war Mahmoud auch jetzt wieder mit meinem Wagen auf der Straße gesehen worden. Mahmoud hatte keinen Führerschein, und zudem hatte ich es ihm auch verboten, die Wohnung zu nutzen, sein Zimmer in dem zu renovierenden Haus mit anderen zu teilen oder aber mit dem Wagen zu fahren. Mahmoud versprach, doch nie zuvor hatte jemand ein Versprechen ihm gegenüber gehalten, so hielt er sich regelmäßig auch nicht an seine. Er lud Freunde in sein Zimmer ein. Sie tranken Bier, kifften, hörten Musik und später nahmen sie sich die Wagenschlüssel, gingen zum Parkplatz und fuhren davon. Talal sagte gleich, dass ich mich nicht aufregen möge, doch sei etwas nicht Schönes geschehen. Mahmoud und seine Freunde hatten einen schweren Unfall. Von dem Wagen war faktisch nichts mehr übrig, die jungen Männer lagen im Krankenhaus. Talal sagte auch, dass er mich immer vor den Marokkanern gewarnt habe. Und dass er als Marokkaner wissen würde, wie es um die Charaktere seiner Landsleute bestellt sei. Zudem arbeite er noch für die Geheimpolizei. Der sind diese Vorgänge sowieso alle bekannt.

Als ich Mahmoud zu Hause besuchte, um ihm gegenüber und gegenüber der Familie eine Kündigung des Beschäftigungs–verhältnisses auszusprechen, schaute er mich an und versprach mir sein Leben als Ersatz für den großen Schaden und seine Unaufrichtigkeit, er versprach mir das selbe Leben, das bereits seiner Religion gewidmet war, das er seiner Mutter und seinem Vater versprochen hatte, das Leben, dass er seinem Liebhaber versprach, den er einmal auf der Straße begegnet war. Er versprach ein Leben, für das niemand mehr etwas gibt in Marokko, nur noch die Al Kaida, deren Potential hier unerschöpflich ist. Den Selbstmordattentätern werden die Jungfrauen und das Paradies versprochen, zudem werden ihnen alle Wünsche erfüllt. Die Familien erhalten eine Rente und einen Märtyrer. So hat der Sohn für alle Beteiligten sein Leben nicht umsonst gelebt, in einer arabischen Welt, im real existierenden Islam, wo das Leben hier nur wenig zählt. Niemandes.

Ein Kunsthandwerker

Nourdin malt. Er malt mit unglaublich ruhiger Hand und summt währenddessen parallel zum Radioprogramm die dort gespielten Lieder mit. Ein Kunde brachte ihm aus Indien importierte Holzarbeiten, Säulen, Schränke und Türen, die er nun mit traumhaften Arabesken, Mosaiken und arabischen Schriftzügen versieht, damit sie anschließend als arabisches Kunsthandwerk im Souk, in einem angeblich staatlich anerkannten Kunsthandel für ein Vielfaches an einen Touristen oder hier lebenden Ausländer verkauft werden können. Ausländer glauben erst einmal alles, und zudem spielt es ja auch keine Rolle, woher etwas kommt, wenn es einem gefällt. Auch für Nourdin spielt es keine Rolle, woher die Möbel kommen, die er bemalt oder wohin sie zuletzt zu welchem Preis gehen. Entscheidend ist für ihn nur, dass er einen Auftrag hat, der in diesem Monat das Einkommen sichert, ihm und seiner Familie, also seinem Vater, der nur wenig verdient, seiner Mutter, die seit geraumer Zeit im Krankenhaus liegt und seinen zwei Brüdern, von denen der eine bei mir später einmal als Hausmeister tätig sein wird, noch aber auch von ihm mitfinanziert werden muss.

Nourdin hat eine unglaubliche Arbeit geleistet. Knapp drei Jahre war er damit beschäftigt, die Holz-Decken der Räume des Riads zu bemalen, in manchen Zimmern die Stuckarbeiten, im Kempinski-Salon die gesamten Wände, zudem die vielen Türen des Hauses, beidseitig die fünfzig Fensterläden, die vierzehn Wandschränke und die Verkleidungen der Decken in den Gängen zum Innenhof. Brahim, der Vorarbeiter, hat Nourdin und seinen Helfer nur schlecht dafür entlohnt. Er hat sie laufend hingehalten und zuletzt haben sie ihm geglaubt, obwohl ihnen bekannt ist, dass alle Baumeister in Marraeksch so agieren, arbeiten lassen, anzahlen, hinhalten, schuldig bleiben. „Brahim hat viel Geld verdient“, sagt Nourdin, „er war nicht gut zu uns. Wir alle haben sehr viel gearbeitet, doch Brahim hat das Honorar für sich behalten.“ Aber das ist nun vorbei. Nun arbeitet Nourdin nur noch direkt mit den

Auftraggebern, und wenn es keine Marokkaner sind, dann bezahlen die auch gut und pünktlich.

Nourdin hat weiche Gesichtszüge, eine rundliche Kopfform, seine Bartstoppeln zeichnen das Gesicht dennoch markant, große schwarze Augen, immer traurige Augen mit langen Wimpern, schmale Füße und lange Zehen, schmale Hände, zarte Finger und keine Fingernägel. Einem Geschwulst ähnlich, wächst die Haut seit Jahren über das Nagelbett der Finger. Die Belastung, als ältester Sohn und mit dreißig Jahren für die ganze Familie aufkommen zu müssen, faktisch ein halbes Leben gearbeitet zu haben und doch nichts geschaffen, bedrückt ihn. Es bedrückt ihn, dass die Brüder keinen Job finden, dass der eine nicht bereit war, eine anständige Schule zu besuchen, nicht lesen, nicht schreiben, nicht rechnen kann, nichts gelernt hat und zudem noch aufgrund eines schweren Unfalls etwas zurückgeblieben ist. Es belastet Nourdin, dass die Mutter oftmals kränkelt, nun aber immer häufiger sich Operationen unterziehen muss, die man in Marokko nicht nur selbst, sondern auch bar und vorab zu bezahlen hat, damit es nach einem Todesfall nicht zum Streit kommt. Diese Todesfälle kommen häufig vor. Trotz all seiner Arbeit bleibt Nourdin nichts und dann wurde er auch noch im letzten Monat und in nur einer Woche drei Male überfallen und ausgeraubt. Jedes mal waren die Räuber mit einem Messer bewaffnet, zwei Male stahl man das Telefon, ein weiteres Mal das Telefon und die Brieftasche. „Die Polizei arbeitet nicht“, sagt Nourdin. Er schimpft und weiß doch, dass es allen bekannt ist, dass es im Polizeistaat Marokko häufig schlimmer ist, sich als Opfer an die Polizei zu wenden, denn als Straftäter verfolgt zu werden. „Es kann einem da schon passieren, dass man selbst verhaftet wird, weil man sich gegen einen Angreifer gewehrt hat. Die Frage ist zuletzt immer, wer die besseren Kontakte hat und die hat immer der, der bezahlt. Diebe haben mehr Geld als die normalen Menschen in Marrakesch“, sagt Nourdin. Seine Blicke verdunkeln sich, und dann bricht es aus ihm heraus.

Er wird nicht mehr heiraten, nicht in diesem Land. „Die Frauen sitzen zu Hause herum und keifen und fordern und streiten." Zudem dann noch die Kinder, die Schule, die Kleidung, die Nahrungsmittel und all die damit verbundenen Umstände. „Wer soll das bezahlen?" Nourdin arbeitet nun schon fünfzehn Jahre sechs Tage die Woche hart, macht niemals Urlaub, und dennoch bleibt nichts, kann er sich etwas leisten, dann wird es auch noch gestohlen. Und hat er Geld, dann muss er es verteilen, nicht zuletzt auch an die Polizei, damit sie überhaupt die drei Überfälle aufnimmt und ein Aktenzeichen vergibt. „Das ist Marokko", sagt er. Er wird nur noch arbeiten, nicht mehr denken, nur noch hoffen, dass er nach dem Tod ins Paradies kommen wird. Dafür hätte er heute in der Moschee gebetet, wo er sich immer häufiger aufhält. Da ist nichts anderes, was bleibt und Allah wird ihn erhören, ihm wurde nie ein Wunsch erfüllt, dieser wird es sicherlich, wenn er auch zugibt, dass die Gunst, überhaupt in Marokko eine Arbeit zu haben, schon ein Gottesgeschenk sei.

Nourdin schimpft weiter über die verfallenen Sitten, die vielen Einbrüche, Diebstähle und Morde. „Gestern wurde ein elfjähriges Mädchen von einem betrunkenen Mann abgeschlachtet. Es ist der fünfte Mord in wenigen Tagen. Ihr Vater ließ sie in seinem Geschäft allein, um Einkäufe zu erledigen. Er wies sie an, niemanden herein zu lassen. Der Betrunkene zog sein Messer und verschaffte sich Eintritt. Der Vater hatte später das Gefühl, dass seine Tochter im eigenen Blut ertrunken wäre. Manchmal", so Nourdin, denkt er, „dass das Leben in Marokko bereits die vorweggenommene Hölle ist, es nicht schlimmer kommen kann" und wünscht sich den Tod und das nächste Leben. „Man leidet dort niemals Hunger", sagt er. „Dort gibt es für alle ein Zuhause, Glück, Gleichheit und Freiheit. So steht es im Koran über Allahs Paradies." Das macht ihm Hoffnung. Dafür würde es sich zu sterben lohnen, sagt Nourdin und versucht, an jenen Nägeln zu kauen, die schon seit Jahren nicht mehr vorhanden sind.

Säulen, Arkaden, Terrassen, Brunnen und eine Pflanzenwelt, die alles das bietet, was in einer nordafrikanischen Oase zu erwarten ist. Bougainvillea ranken sich an weißen Wänden empor oder sinken von den zahlreichen Terrassen in den Hof, bilden eine Symbiose mit den Arabesken aus Gips oder den handdekorierten Holzschnitzereien.

Eine ganz unvorstellbare Ruhe und Gelassenheit löst die Geschäftigkeit der vor dem Portal des Riads zurückbleibenden Millionenstadt ab, entreißt den Besucher seinem Alltag zuhause, dem niemals endenden Stress in den Herkunftsländern, nimmt ihn ein, ja übermannt ihn und erfüllt mit der Gewissheit, dass jeder Tag ein neues Glück mit sich bringt, neue Lebensfreude, Inspirationen, insbesondere aber Reduktion auf ganz natürliche Sinne: fühlen, hören, sehen, riechen und schmecken.

Heute in meinem Riad

Nadera ist 25 Jahre, sehr korpulent, älteste Tochter der Familie, arbeitet in meinem Haus und muss nun im Oktober heiraten. Der Mann, den ihr die Eltern ausgesucht haben, ist schlichtester Natur. Zudem hat er kein großes Einkommen und ist auch nicht vermögend, sodass er sich und ihr ein Haus oder ein Appartement kaufen könnte. Man wird einen Kredit aufnehmen müssen, aber zuerst einen neuen Job suchen, denn er stammt von weit her. Er wird nach Marrakesch ziehen und Naderas Eltern werden helfen, damit er das nötige Geld von der Bank bekommt, um ein Zuhause für die zu gründende Familie schaffen zu können und um Nadera endlich aus dem Haus zu haben und damit mehr oder weniger versorgt zu sehen. Es sind noch weitere Töchter vorhanden, eine, die bei den Eltern bleiben wird, einer Krankenschwester gleich, ihr Leben der Versorgung der Eltern widmen wird, eine weitere, die es auch noch zu verheiraten und zu versorgen gilt.

Nadera weiß natürlich, dass sie langsam in ein Alter kommt, in dem eine Frau keinen Mann mehr findet. Die jungen Frauen sind gefragt, faktisch noch Kinder. Eine reife Frau, eine, die mit fünfundzwanzig schon auf die dreißig Jahre zugeht, die eine feste Persönlichkeit mitbringt, die will keiner, denn die ordnet sich nur schlecht ein und insbesondere nicht gern unter. Das ist vielen Männern aber sehr wichtig. Sie wollen natürlich die Familie, sie wollen die Versorgung und selbstverständlich auch die Möglichkeit der erlaubten sexuellen Handlung, sie wollen aber eben auch weiterhin frei bleiben, ihren Dingen nachgehen können, sich selbst bestimmen und möglichst auf keinen häuslichen Widerstand stoßen. In diesem Punkte verfechten auch die jungen Männer die alten Traditionen.

Der zukünftige Ehemann Naderas ist nicht nur älter, sondern ist zugleich auch noch ihr Cousin, der Sohn der älteren Schwester ihres Vaters. Seitdem es die Vereinbarung gegeben hat, also eine Art Verlobung, schminkt sich Nadera nicht mehr, keinen Lippenstift, keinen Lidschatten, kein Rouge, selbst die

Nägel erstrahlen nicht mehr in dem wunderbaren Knallrot, das im Schmutz der Medina für alle Passanten immer auch ein Lichtblick gewesen ist, morgens, wenn sie ihren Dienst antrat und abends dann wieder, wenn Nadera mit offenem Haar und sinnlichen, großen, farbig leuchtenden, manchmal sogar glitzernden Lippen, wallenden Kleidern und natürlich diesen sagenhaften Finger- und Fußnägeln über den schmutzigen Asphalt schwebte und ein großes Beschauen und Begehren sie durch die Medina begleitete. Heute besinnt sich Nadera auf die Traditionen, auf das den Eltern Gehorchen, sich dem Manne Untertan machen, sich zu verschleiern und wirklich nichts mehr Schönes, Sinnliches, also Körperliches an die Außenwelt treten zu lassen. Sie ist versprochen. Sie ordnet sich unter. Und mit dem Verlust ihrer Freiheit verliert auch die Medina ein bisschen Träumen, Augen schließen, hoffen, berühren, besitzen. Bleiben tut der Schmutz in den Gassen. Und manchmal noch eine Spur, ein Hinweis, vielleicht ein Duft. Dennoch, Nadera hat während seines Vorstellungsbesuches im zukünftigen Ehemann einen guten Charakter ausgemacht. Immerhin.

Mourad hat viele Freundinnen, erzählt er, hier als Hausmeister tätig, lacht er darüber, dass Nadera einen Cousin heiratet, der zudem auch noch kein Geld hat, um sie zu versorgen oder aber eine Wohnung oder ein Haus zu kaufen. Er lacht auch darüber, dass Nadera keine Auswahl hat. Er selbst bekäme täglich von einer seiner Freundinnen Geschenke, mal ist es eine Armbanduhr, mal ein Zuschuss für das neue Motorrad, mal eine neue Jeans oder Halsketten und Armbänder. Aber, sagt er, mit zwanzig Jahren bräuchte er sich noch nicht zu entscheiden. Er will warten, vor dreißig werde er wohl nicht heiraten und keine Familie gründen wollen. Mourad ist ungewöhnlich unattraktiv, hat ein vernarbtes Gesicht, kann nicht lesen oder schreiben, spricht als einzige Sprache ein sehr stark marokkanisch geprägtes, nicht für alle Araber verständliches Arabisch, aber, wie er selbst sagt, er hat einen guten Charakter, so wie Naderas Cousin eben auch.

Mourad berichtet darüber, dass es gestern Abend wieder einen Mord in der Medina gegeben hat. Eine junge Frau war auf dem Weg nach Hause und wurde von vier Männern überfallen. Sie raubten ihr das Telefon, die Handtasche und wollten davon laufen. Doch die junge Frau schrie laut und wehrte sich. Einer der Männer zog ein Messer und schnitt ihr damit die Gurgel durch. Ein Zweiter stach mehrfach mit seinem Messer auf sie ein.

Marrakesch – die rote Stadt. Ob es die Mauern sind oder die Häuser, die Minarette der Moscheen, die öffentlichen Gebäude oder aber privaten Bauten, alles in Marrakesch ist in einem rötlichen Braun gestrichen. Marrakesch – die rote Stadt. In dieser Nacht spritze das warme Blut der jungen Frau aus der Halsschlagader, ergoss sich zuerst in das Gesicht des Angreifers und auf sein T-Shirt, floss sodann an ihr hinab, über ihre Brust, den Bauch hinweg, tropfte auf die Straße, schwer, metallisch riechend, bald einem reißenden Strom gleich, der auch sie selbst mit sich riss, hinunter auf den Asphalt, wo sie unter den Tritten der Männer langsam verreckte und die grauen Steine der Gasse mit ihrem Blut rot einfärbte, in eben der Farbe der Stadt und ihrer Bauten. Marrakesch.

In den Nachrichten wird man die Beschaffungskriminalität verantwortlich machen und ansonsten darauf verweisen, dass das überall auf der Welt geschehen könne. Die Häufigkeit und Brutalität wird dabei keine Erwähnung finden. Marokkos Wahrhaftigkeit.

Adil hört sich den Bericht Mourads an und setzt noch einen drauf. Das geschieht hier jeden Tag. Das wisse doch jeder. Jeder würde darüber sprechen und erzählen. Aus einer Toten werden in Marrakesch schnell zwei, drei und mehr, Geschichten aus Tausendundeiner Nacht, und das zeigt um so mehr, dass Leben nicht zählt am Maghreb, eine oder mehr, das ist keine Nachricht im Land des Königs, der ein Nachfahre sein will des Propheten Mohammeds und dem es bis heute nicht gelang, seinem Vater gleich, diese einfache und sehr zurückgebliebene Gesellschaft an kurzer Leine zu halten.

Adil hat ein ganz anderes Problem. Das mag er aber nicht besprechen, wenn die anderen dabei sind und erzählt später, dass er ein Verhältnis zu einem Touristen aufgebaut habe. Mit diesem hatte er zum ersten Mal in seinem Leben Sex, zärtliche Berührungen, Küsse, Erotik, ja Schauer, Angst und doch so eine große Lust, bis er kam, in seinem Mund kam, als die weichen Lippen seinen Penis umschlossen und der Freund mit seinen Händen einen leichten Druck ausübte. Adil kam zum ersten Mal in seinem Leben zusammen mit einem anderen Menschen, ganz schnell, ganz unerwartet, leise stöhnend, sich so sehr schämend, sich schlecht vorkommend, wissend, dass er gegen alle Regeln verstieß mit seinem Bedürfnis und seinen Empfindungen, wissend, dass er schlecht sei in den Augen der anderen, im Sinne der Traditionen, von denen er wenige nur kennt, der Religion, von der er nichts versteht, aber der man hier folgen muss, das wiederum verlangt die Tradition und wenn nicht die, dann die Gesetzte und die Herrschenden.

Adil, der Nachtwart, glaubt, dass er schlecht sei, weil er Liebe braucht und Liebe geben will, und er glaubt auch, dass er sich zwischen seinem schlechten Gefühl und den Traditionen und Allah entscheiden müsse. Und wenn er den Mut hätte, sagt er, dann würde er sich töten und neu erwachen und alles vergessen haben und in einem anderen Land leben, ohne Religion und insbesondere ohne marokkanische Tradition. Aber Adil ist nicht mutig, wenige hier sind wirklich mutig, und so entscheidet auch er sich für die Traditionen und den oft falsch verstandenen Islam und wird nun langsam sterben, die zum ersten Mal gespürte Liebe wird er sterben, die ersten intimen Berührungen seines Lebens, den ersten Kuss. In Parks wird er sterben, nachts in den Gassen, in Ecken oder Hauseingängen. In den Hamams auf den Toiletten wird er hastig kommen und seine Unschuld sterben, mit geschlossenen Augen, kein Gefühl, nur Gier allein. Er wird sein Geheimnis mit vielen anderen teilen, in dieser unbarmherzigen Gesellschaft, später einmal im Alkohol ertränken, dann mit Drogen ersticken, vielleicht auf dem Strich enden, um sich dort womöglich mit Aids anzustecken, damit die Traditionen leben können und Gott ihm nicht zürnt. Es ist ein Weg, den viele hier gehen, weil sie keine Chance auf Leben haben, weil nur die, die es sich finanziell leisten können, ihrer Veranlagung folgen dürfen, mit dem Segen der Staatsmacht, dem Segen der Religion und dem der Gesellschaft. In Marokko entscheidet Geld allein. Das ist sicher und es ist sicherer hier als das Versprechen vom Paradies.

Als Brice zu Besuch kommt, wirkt er befremdet. Er wundert sich darüber, warum ich derart viel Personal beschäftige. Er selbst betreibt meinem Haus gegenüber ein Hotel in ähnlicher Größe. Manchmal hat er bis zu zehn Gäste. Die werden von nur einem Mitarbeiter betreut, der auch das Haus reinigt, kocht, Service erbringt und nachts wacht. Das sei das Beste, was man in Marokko tun solle. Hat man erst mehr Personal, so wird weniger gearbeitet, sagt er, es wird gestohlen und zudem vieles zerbrochen, und immer hat der andere die Schuld, man selbst nie. Während er über diese bei den meisten hier lebenden Ausländern bekannte Situation spricht, denke ich an die vielen teuren Kristallgläser, die Woche für Woche, manchmal im Tagesrhythmus kaputt gehen. Ich denke an die Kerzen in allen Räumen, von denen jede schon einmal brach. Ich denke an das viele Geld, das gestohlen wurde, an die Schlüsselanhänger, die teuren Kugelschreiber, an die silbernen Dosen und kleinen Andenken. Ich denke an Markenhosen und T-Shirts, an die vielen Schuhe, Jacken, Hemden, Pullover und selbst Socken. Ich denke daran, dass es die Franzosen wissen müssen. Sie bringen die Wirtschaftskraft des Landes. Ohne sie bräche in Marokko alles zusammen. Die Arbeitsmoral ist unvorstellbar schlecht. Es ist kaum Bildung vorhanden, zudem auch keine Ausbildung. Arbeitet jemand eine Woche, benötigt er einen freien Tag oder kommt einfach nicht, weil die Mutter erkrankt ist, der Vater, der Bruder oder die Schwester ein Kind bekommt oder bekommen hat, die Tante gestorben, man selbst verunfallt ist. Kaum ist jemand in Anstellung, da braucht er auch schon einen Vorschuss, mehr und mehr, bis er zur Mitte des Monats hin das gesamte Honorar verbraucht hat, zur Rückzahlung von Krediten, für die Medizin eines der Familienangehörigen, für die Reparatur des Motorrades oder einfach für Benzin. Brice hat natürlich Recht. Meine Freundlichkeit wird ausgenutzt. Mein Nachgeben erkennt man hier als Dummheit. Meine Großzügigkeit zeigt den Leuten nur, dass es noch mehr zu holen gibt. Die Chance, zuhause bestohlen zu werden, ist größer als auf der Straße. Dabei ist Marrakesch voll mit Straßendieben.

Brice sagt, dass es grauenhaft ist, in Marokko zu leben und die Mitarbeiter stimmen ihm begeistert zu. Alle schämen sich, Marokkaner zu sein, und alles bleibt beim Alten.

Nicole und die Polizei

Als Nicole sich entschloss, eine Wohnung in Marrakesch zu nehmen, da war sie mit dem Vorhaben nicht allein. Man sagt, dass schon jeder Franzose einmal im Marokko gewesen sei. Und tatsächlich hat man in machen Teilen des Landes nicht den Eindruck, als wäre die koloniale Herrschaft Frankreichs Geschichte, gerade nicht im Bereich der Wirtschaft. Nun war Nicole schon so oft zu Besuch und wusste bestimmte Vorzüge des Landes zu schätzen, sodass es eben auch nahe lag, sich hier gleich ein Appartement zu nehmen, eines zum Wohnen, ein weiteres, um eine monatliche Einnahme durch Vermietung zu haben. Und natürlich würde man auch die Wohnung ganz in der Nähe von Paris beibehalten, in einem dortigen Vorort, noch aus der Zeit der Ehe und des Familienlebens mit ihrem Mann und ihrer Tochter, die nun zwischenzeitlich aber aus dem Haus war, so wie sich der Ehemann einer Jüngern zugewandt hatte, eigentlich auch einer Tochter, wenn auch nicht der ihrigen, einer Tochter eines anderen Paares, von dem man nicht wusste, ob dieses sich nach fünfundzwanzig Ehejahren noch liebte, ertrug und zusammenlebte oder aber sich in Scheidung befand.

Nicole war fest entschlossen, sich den dritten Abschnitt ihres Lebens bequem einzurichten. Das war ihr möglich, hatte sie vor der Rente einen einträglichen Job als Repräsentantin bei einer Nobel-Marke, sicherlich weniger wegen ihres Aussehens, als wegen ihres Auftrittes, etwas ordinär, aber nur etwas, insbesondere jedoch überzeugend als Verkäuferin, und sie wurde ja auch gewinnbringend geschieden. Das geschah dem Ehemann recht, dem ehemaligen Ehemann und heutigen Geliebten und wer weiß, wie lange eine solche Vater-Tochter Beziehung halten würde? Da war die Abfindung in jedem Fall das bessere Geschäft, gut angelegt, sich verzinsend, in Marokkos Marrakesch als eine von zwei Wohnungen, die man vermietete, die man aber auch mit Gewinn weiterverkaufen könnte. So machen das eigentlich alle, mit Gewinn weiterverkaufen, selbst die, die mit Kredit finanzieren, die meisten hier, die nicht wie Nicole den geschäftlichen Teil gleich mit der Abwicklung der

Ehe besorgt hatten, was ja ein viel sichereres Geschäft gewesen war, wenn auch nicht unbedingt ein schönes. Aber die, die beruflich in Marokko aktiv sind, sind häufig in der Heimat gescheitert. Das Problem teilte Nicole nicht.

Träfe man Nicole auf der Straße, dann würde man sofort erkennen, dass es sich um eine jener Französinnen handelte, die es sich erlauben konnten ihre Rente in der ewigen Sonne Marokkos zu verbringen, die aufgrund ihres Alters eigentlich nicht mehr arbeiten mussten, die allerdings auch noch einige andere Attribute verband. War man ehrlich und ließ die charakterlichen Eigenschaften der vielen weiblichen Neueinwohner Marokkos einmal weg, so hatten viele von ihnen gemein, dass es sich um Damen handelt, die in die Jahre gekommen waren, wie natürlich alle anderen Menschen auch in die Jahre kommen, also keine typisch französische Eigenart, doch diese hier waren in die Jahre gekommen und auf eben diesem Weg gingen entweder die Ehemänner verloren, oder es hatte sie nie zuvor gegeben. Das mag an Vielem gelegen haben. Weiterhin war unübersehbar und festzustellen, dass diese Damen auch miteinander verband, dass sie eher nicht zu den eleganten, geschweige denn zu den schönen weiblichen Repräsentantinnen der Grande Nation zählten, in Frankreich oder Europa also nicht mehr viel zu erwarten hatten, ging es um die Hoffnung, entweder den Lebensabend mit einem Lebenspartner zu verbringen oder aber mit einem ansehnlichen Begleiter, der, wenn auch mehr oder weniger wirtschaftlich dafür entlohnt, dafür Sorge trug, dass auf Verlangen eben dieses Verlangen auch Befriedigung fand.

Der marokkanische Mann stützt einen großen Teil seines Selbstwertgefühls eben auf seine Liebeskünste, von denen er glaubt, dass sie unübertroffen seien, von denen aber eigentlich auch jeder weiß, dass sie – ähnliche wie die meisten Berufe im Lande – ganz schlecht ausgebildet waren, wenig Inspiration, noch weniger Einfühlungsvermögen, ganz wenig Praxis, in jedem Fall aber peinlich kurz. Alles das störte Nicole nicht, störte die anderen Damen auch nicht, denn das Liebesspiel beherrschten sie, das zu lehren erschien nicht nur sinnvoll, sondern zudem auch eine außergewöhnlich befriedigende Aufgabe. Und hier in Marokko gab es da viel zu tun. Und so kam man, ebenso wie die Auszubildenden, in jedem Fall auf seine Kosten.

Die vielen jungen Begleiter, die sich Nicole sehr freiwillig zur Verfügung stellten, von denen auch viele nicht abgeneigt waren, sie gleich zu heiraten, und zwar noch bevor sie ihre Männlichkeit unter Beweis gestellt hatten, waren überall zu finden. Wenn auch viele Menschen, die Marrakesch besuchten, und auch viele Journalisten oder Autoren, die über diese Stadt geschrieben haben, meinten, es läge eine gewisse Erotik in der Luft, so ist es eher der reine unbefriedigte Sexualtrieb, der einen überall hin verfolgt, ob man nun eine alte und hässliche Frau oder ein ebensolcher Mann ist oder ein junges Mädchen oder ein junger Mann oder blond und blauäugig oder eher sehr dick und unansehnlich oder etwas dumm wirkend oder zu klein geraten. In jedem Fall würde man verfolgt, auf dem Weg zum Postamt, vom Appartement zum Postamt, das nur von wenigen Marokkanern besucht wird, weil viele von ihnen des Schreibens und Lesens nicht mächtig sind.

Man begegnete der Gier nach Sex auf der Straße, die man betritt, weil man zum Einkaufen möchte, in den Supermärkten oder den Basaren, wo die Fremden natürlich sofort auffallen, dreht sich das gesamte Geschäftsleben nur um sie, die wenigen Touristen, von denen immer weniger nach Marrakesch zu kommen scheinen, zumindest immer weniger solche, die es sich leisten können, hier systematisch ausgebeutet zu werden und mehr noch als nur eine Familie mit dem Kauf eines oder mehrerer Souvenirs am Leben zu halten, immerhin für einen Monat. Man trifft diese schmuddelige Gier in den Cafés, die noch weniger Charme haben als ihre Besucher, den Gassen, zwischen dem endlosen Müll, den Bettlern, den dreckigen Füßen und schmuddeligen Körpern, den heruntergekommenen Kleidern und überall, wo die jungen Männer herumlungern, rutscht sie ihnen aus den Augen und über die Münder hinauf den Gehweg und ganz dicht hinter einem her, bis sie einen zuerst an den Sohlen erfasst, sich nach den Waden den gesamten Körper einverleibt, gar nicht sinnbildlich gemeint.

Ganz unvermittelt wird die Lust auf offener Straße durch das Fleisch inspiriert, ob Frau oder Mann, heterosexuell, homosexuell, schön oder nicht, spielt bei der Suche und dem Finden keine Rolle. Wichtig ist allein der Vorgang, ein schnelles Erobern, manchmal noch mit lieben Worten, gehört in den Filmen im Kino in der Medina, das dort seit Jahren eine Nische gefunden hat, für die, die es sich nicht leisten können, in den modernen großen und sauberen Kinos zu träumen und hier den billigen Traum für kleines Geld bekommen. Nette Worte, die gerade ältere Frauen und Männer nicht mehr all zu oft hören, etwas von Liebe und Zärtlichkeit, von Fürsorge und Besitz, der Sicherheit vermittelt, nicht den in der islamischen Welt schnell an Tierhaltung erinnernden Anspruch. Und unterliegt nicht eigentlich jeder der Hoffnung auf ein bisschen jungenhaftes Glück, ganz ohne nachzudenken, sich einfach nur hingeben, als wäre es das erste Mal und das letzte Mal zugleich, als wäre es ein großes Geheimnis, das man nur lüftet, in dem man ein Teil von ihm wird, in einer Männerwelt, ein bisschen auch einer Hure gleich, bekifft, wie die meisten hier, betrunken vielleicht, runter gerissene Kleider in kleinen stinkenden Löchern in der Medina, ein oder zwei heftige Stöße, ein schnelles Kommen, manchmal noch ein Stöhnen, das normalerweise unterdrückt wird, wie viele menschlichen Gefühle und Bedürfnisse, weswegen in einer solchen Situation ein Nein schnell zur Gewalt führt. Mit dem Sex ist heute in Marokko auch immer der Tod.

Alles das wurde Nicole im Laufe der Monate bekannt. Sie war ein Teil dieses Schauspiels, dieser schlechten Tragödie, in einem Land, in dem die Menschen sich gegenseitig ausbeuten und beschädigen, in der Liebe auch immer etwas mit Geld zu tun hat, mit Versorgung, mit einem „Take care“, immer galt es für Nicole, natürlich niemals für die Männer, die vielen, mit denen sie es schon versucht hatte, die oftmals ihre Söhne hätten sein können, manche sogar ihre Enkel. Zuletzt ging es um Geld, ging es niemals um Gefühl, ging es immer um die Versorgung der Eltern, der jüngeren Geschwister, ging es um die allein stehenden Mütter und die noch unverheirateten Schwestern. Es ging nur um die Gegenwart einer Großfamilie, um deren Zukunft der Kampf noch gar nicht begonnen hatte. Nicole zahlte, doch gab das monatliche Budget natürlich diese Ausgaben nicht her, insbesondere, weil ein Marokkaner niemals aufhört zu fordern, sind es noch wenige hundert Dirham im Schatten der ersten Befriedigung, von der die Benutzten eher weniger hatten, so werden es schon beim zweiten und dritten Treffen tausende. Zuletzt verbrauchen die Bedürfnisse dieser Triebtäter mehr Geld am Tag als eine durchschnittliche Familie im Monat verdient und zur Verfügung hat. Europäer sind reich, auch wenn sie in Europa arm sind. Sie auszunehmen ist Prinzip, anerkanntes und von der Staatsmacht gefördertes Prinzip. Alle leben davon in Marokko, natürlich auch die Polizisten, die immer einen Teil bekommen von dem, was die jungen Männer herausholen, wenn ihre Gefährten noch matt auf der stinkenden Matratze liegen und nicht genau wissen, ob es das gewesen ist, ob dieser Vorgang und in dieser Form einer charmanten Jugendlichkeit zuzuschreiben ist oder einfach nur tierischem Verlangen entsprang und natürlich auch dienlich war für das, was immer, ausnahmslos immer, danach folgt.

Nachdem ich Nicole mein Haus gezeigt hatte, sie war schwer beeindruckt und meldete sich gleich an, die meiste Zeit ihres Aufenthaltes hier am Pool zu verbringen oder auf der Terrasse zwischen den Schatten spendenden Bananen oder ganz sicher in einem der Bäder zu verweilen, wenn alles einmal bezugsfähig war und auch einen Masseur zu engagieren, gingen wir gemeinsam die wenigen Gassen hin zum großen Platz, ließen uns in einem der runtergekommenen Cafés nieder, und sie erzählte mir eine Geschichte.

Eine ihrer Freundinnen, auch eine ältere Dame aus Frankreich, die ebenso einige Monate des Jahres in ihrer Wohnung in Marrakesch verbringen würde, hatte es sich zur Gewohnheit gemacht, gleich nach ihrer Ankunft, Ali anzurufen, einen

Mittelsmann in der Hauptwache der Polizei in der Neustadt, um dort für den Abend einige Polizisten zu bestellen, damit diese sich an ihr befriedigen könnten. Die Menge spielte keine Rolle, Polizisten gibt es sehr viele in Marokko, und diese waren verheiratet und hatten nicht mehr viel Freude an ihren Frauen und immer noch war es billiger, mit einer Touristin Sex zu machen, als sich eine Prostituierte zu nehmen, die man bezahlen musste, soweit sie nicht im eigenen Revier anschaffen ging und ohnehin Abgaben zu entrichten hatte, natürlich körperlich. Und auch umgekehrt war das ein kostengünstiger Vorgang. So bestellte Jeanette manchmal drei oder vier dieser Männer in den blauen Uniformen, mit den Kordeln und den Pistolen, in den schweren Stiefeln und mit den groben Händen und Gesichtern, deren Augen oft so schnell waren, dass es sich nicht mehr lohnte, sich auszuziehen. Dennoch kam Jeanette auf ihre Kosten, spielte in der Dunkelheit die Menge keine Rolle mehr, hätte es auch einer sein können, und in Gedanken war es einer. Der marokkanische Wein half da nach, bekanntermaßen gilt er als gut und süffig, schloss Nicole die Erzählung und schaute mich an, als würde sie erwarten, dass ich diese Vorgehensweise billige und zugestand, dass es auch für sie eine denkbare Option wäre.

Der Übersetzer

Gestern war Tarik mit einem verheirateten Mann aus England unterwegs, um ihn durch die Medina zu begleiten. Diesen hatte er über das Internet kennengelernt. Tarik studiert Englisch in Marrakesch und stammt aus Safi. Er will einmal Übersetzer werden. Durch solche Kontakte erhofft er sich die Möglichkeit, das Land verlassen zu können. Tarik bekommt viele Versprechungen von Touristen, denen es eigentlich aber nur um ein sexuelles Urlaubserlebnis geht. Marokko bietet für Touristen außer Sonne und Strände nur noch die Körper seiner Jugend. Die ist bereit, für Geld oder Ausreise alles zu geben.

Auf dem Weg zum Djemaa el Fna wurden die beiden von zwei Polizisten angehalten. Der Engländer wurde weggeschickt, doch Tarik musste sich ausweisen, seine Telefonnummer hinterlassen und fünf Euro bezahlen, damit die Polizisten ihn nicht mit zur Wache nehmen. Denn der Kontakt zu Ausländern ist verboten, soweit man keine offizielle Zulassung als Führer hat oder aber bei einem Ausländer nachweislich arbeitet. 50 Dirham sind eine Menge Geld. Tarik hat kein Einkommen. Er bekommt auch kein Taschengeld. Er lebt in Marrakesch bei Verwandten, die ihn auch soweit wie nötig verpflegen. Kleider bekommt Tarik durch seine Verhältnisse mit Europäern. Manche schenken ihm Geld oder kaufen ihm Kleidung. Der Engländer bezahlte jetzt das Schweigegeld.

Grundsätzlich geht jeder in Marrakesch davon aus, dass es sich bei einem Kontakt zu einem Ausländer nur und ausschließlich um einen sexuellen handeln kann. Einer der Beamten gab daher auch den Rat, so viel Geld wie möglich von dem Touristen zu verlangen. Zudem solle Tarik anschließend mit den Polizisten teilen, das Geld, seine vollen Lippen, seinen Körper. Das ist gerade bei Prostituierten üblich, die Abgaben an die Staatsmacht entrichten, um nicht stetig aufgegriffen oder aus den Diskotheken und Bars herausgeholt zu werden. Zudem befanden die Beamten ihn für attraktiv und meldeten schon gleich ihren Anspruch an, sich gemeinsam später auch an ihm sexuell befriedigen zu wollen. Tarik musste zustimmen, die einzige Chance, nicht noch mehr Schwierigkeiten zu bekommen.

Die Polizei in Marokko ist allmächtig. Ein jeder muss Abgaben bezahlen, bestechen oder aber er wird sehr viele Probleme haben. Homosexuelle können drakonische Strafen treffen, obwohl durchschnittlich jeder schon einmal als Kind missbraucht wurde, natürlich viele homosexuelle Handlungen ausüben. In den Gefängnissen werden sie zudem nicht nur von der Polizei, sondern auch von den Wärtern und den vielen anderen Gefangenen vergewaltigt. Mit bis zu 14 Mitgefangenen lebt man in einer Zelle.

Tarik liebt das Riad, seine ruhige, gelassene, ja erhabene Ausstrahlung. Er sitzt hier oft auf der Terrasse, hört Musik oder weilt in einem der Salons und liest in seinen Studienbüchern. Manchmal ertappe ich Tarik auch beim Träumen, den einen, einzigen Traum, den er hat – Marokko verlassen, fast egal mit wem und fast egal zu welchem Preis. Es scheint nicht schlimmer kommen zu können, als zu bleiben.

Der Tag vergeht nicht. Abdou bringt Tee und schenkt mit einer ausladenden Bewegung ein. Er erzählt mir, dass der sich dadurch bildende Schaum das Aroma der Minze noch verstärkt. Ich nehme das Glas, rieche daran, schließe meine Augen und trinke einen Schluck. Der Tee belebt, ist heiß, und doch erfrischt er mich. Ein leichter Wind zieht durch die Höfe und erreicht auch mich. Eigentlich wäre es wieder Zeit zu ruhen, doch nehme ich mir das Buch „Die Stimmen von Marrakesch" von Elias Canetti und vergleiche seine Eindrücke und Erlebnisse mit den meinen, lausche dem Plätschern des Brunnens im Hintergrund, gleite von den Sätzen und Seiten ab, schaue dem Mosaikspiel der Rosenblätter im bewegten Wasser zu, höre die rhythmische Musik, von der Canetti berichtet und die mich täglich in der Medina begleitet, erblicke Vögel unter den Palmen und Bananen-Stauden, die nach Nahrung suchen oder sich mit kleinen Fundstücken die Nester bauen, hier in meinem Haus, in meinem Riad, in einer ganz eigenen Welt, die mir die innere Ruhe verschafft, an deren Ende immer jene Ewigkeit zu herrschen scheint, die es ermöglicht, den Tag nicht zu bestimmen und zu teilen, sondern sich treiben zu lassen und auf eben diesem Weg die Notwendigkeiten des Tages zu passieren und ganz und gar eins mit der Umgebung zu sein.

Mohammeds Tod und der von Simon

Simon, so nennt sich Mohammed gern, lebt mit seiner Mutter und der Schwester in Tanger, im Norden Marokkos, einer als Treffpunkt der internationalen Geheimdienste im 2. Weltkrieg mystifizierte Metropole, die allerdings heute jegliche Reize damaliger Spannung und Sensation verloren hat, dafür aber zu einem Zentrum der Kriminalität und des Rauschgifthandels in Marokko avancierte. Eigentlich stammen seine Eltern vom Lande. Seinem Vater war es gelungen, ein Arbeitsvisum für Deutschland zu erhalten, noch bevor Simon geboren wurde, besuchte seine Familie während des Urlaubs in seiner Heimat, und nach einigen Jahren wurde Simon geboren, als der erste Sohn einer kleinen Familie, die zudem noch ein Mädchen bekam. Das ist nun bald 21 Jahre her. Schon sechs Jahre nach der Geburt des Sohnes war zwischen den Eltern des Jungen, der Mutter, in Marokko lebend, dem Vater, im fernen Deutschland, eine Entfremdung eingetreten, die zuletzt durch das Finden einer neuen in Deutschland lebenden Marokkanerin und Geliebten nur noch gefestigt wurde, was zu einer Scheidung des Paares in Marokko führte.

Wie in der arabisch-islamischen Welt üblich, gelang es der Mutter nur schwer, für sich und die Kinder zu sorgen. An Unterhalt nach europäischem Recht war nicht zu denken, die wenigsten Männer würden freiwillig die verlassene Familie wirtschaftlich unterhalten, sondern möchten einfach abschließen und - so Gott will - mit der neuen Ehefrau eine ebenso neue Familie aufbauen. Und immer noch war es besser, verlassen worden zu sein, entehrt, anstatt den sonst oft anstehenden bestialischen Demütigungen, Schlägen oder gar Verstümmelungen ausgesetzt zu werden, die schlussendlich auch nur zu einer Trennung führen würden. Wer wollte sich da also wehren? Der Vater erklärte sich jedoch bereit, den Sohn für einige Jahre nach Deutschland zu holen, wo er eine Schulausbildung bekommen sollte, eine Erziehung, eben auch vom Vater, und es war auch klar, dass der Sohn nach dem Ablauf eines bestimmten Zeitrahmens wieder nach Marokko zurückkehren sollte, wenngleich die Mutter auch hoffte, dass es dazu nicht kommen würde, würde sich der Sohn an die Mutter erinnern und dort in dem fremden Land zu Wohlstand kommend auch an sie und die Schwester in der Heimat denken. Die Hoffnung trügte, trotz der vielen Gebete.

Simon besuchte in Deutschland eine Realschule, lernte natürlich Deutsch, lebte mit der neuen Frau und einer anderen Familie als erster Sohn des Vaters aus erster Ehe mit den vielen neuen anderen Kinder im Haushalt und fühlte sich – wenn auch nicht besonders geliebt – doch im deutschen Umfeld sehr wohl. Mit 15 Jahren hatte Simons Zukunft, nämlich einmal Architekt werden zu wollen, ein jähes Ende, denn die sechs Jahre, die der heutige Simon und damalige Mohammed in Deutschland verbringen durfte, waren erfüllt, und somit schickte der Vater ihn nach Haus zurück, und damit war Tanger gemeint, zu einer anderen Familie, die in gewisser Weise auch nicht mehr seine Familie war, seine Mutter, seine Schwester und kein Vater, aber eben auch Menschen, die er seit sechs Jahren nicht besucht hatte, nicht gesprochen, zu denen er zwischenzeitlich sogar fast sprachlich kein Verhältnis mehr entwickeln konnte. Ein weiterer Bruch nach dem ersten Bruch, den vor sechs Jahren und nun wieder, nur in eine andere Richtung, zurück in die Vergangenheit, eine der häufigsten Reisen in dieser so rückständigen Welt Nordafrikas.

Simons Mutter arbeit auf den Feldern ihres Vaters, der eine Olivenplantage unterhält, pflückt, sammelt und presst, um mit dieser sehr harten und mühevollen Arbeit sich und die beiden Kinder, erst nur die Tochter, nun auch noch Mohammed, den bald erwachsenen Jungen, der sich nun als Simon vorstellte, zu ernähren und dem nicht klar wurde, dass es auf Dauer für die Mutter und den Großvater nicht möglich sein würde, die ganze Familie auf diesem Wege zu ernähren, ohne dass Mohammed oder eben der zurückgekehrte Simon selbst arbeiten gehen würde, um sich, aber eben auch der kleinen Familie zu helfen.

Doch der 15jährige Junge zog sich in sich zurück, besuchte keine Schule, den meisten in diesem armen Land reichen ohnehin drei Schuljahre, wenn von der Schulpflicht überhaupt Gebrauch gemacht wird, versuchte es auch nicht, eine Ausbildung zu finden, geschweige denn eine Arbeit, in Marokko ist das ohnehin für die Mehrheit der jungen Menschen fast unmöglich, sondern flüchtete sich aus dieser unbarmherzigen Welt, in die Allah in hineingestellt hatte, über das Internet nach Deutschland, in seine Heimat, in jene Welt, die zwar wenig mit Allah und den vielen arabischen Traditionen zu tun hatte, dafür aber mit seinen Freunden, mit seiner neuen Sprache, mit seiner Zukunft und dem Wunsch, einmal Architekt werden zu wollen, und Simon traf nach einiger Zeit auf unterschiedliche Chaträume, in denen homosexuelle Männer miteinander Kontakt bekommen, Kontakt halten oder aber auch Bekanntschaften, meistens sexueller Natur, machen, nur selten Partnerschaften finden.

Simon entwickelte sich im Laufe der Jahre zu einem hübschen, gut gebauten jungen Mann und wurde, wenngleich auch zu keinem Architekten und zudem - nach der bald sechsjährigen Unterbrechung des Schulbesuches - nicht zu einem Architekturstudenten, dafür aber zum Schwarm von vielen in Deutschland und hier nun speziell in Hessen lebenden homosexuellen Männern, denen es oftmals nur schwer gelingt, einen adäquaten Partner in Deutschland zu finden oder die Jugend- und Kindlichkeit bevorzugend, während eben diese jungen Menschen in Deutschland, hier speziell in Hessen, eher nicht das reifere Alter als Kriterium in der Partnerwahl annoncieren.

Anders bei Simon. Der arabischen Tradition entsprechend, ordnet sich der Junge dem Älteren nicht nur unter, sondern wünscht sich diesen auch als jemanden, der ihn führt, der ihn lehrt, der vorangeht und eigentlich auch immer im Recht und Wissen und viel näher am Koran und viel näher auch an der Lehre des Islams steht, eben ein verantwortungsbewusstes Vorbild, das die Aufgaben der so sehr ungeliebten Schulen oder der unerwünschten Eigendynamik des Lernen-Wollens in der arabischen Kultur übernimmt, seit vielen Jahrhunderten ersetzt.

Simon hatte Glück. Er hatte jenes Glück, das so viele Marokkaner in den Gay-Chats finden, nämlich einen Mitte 40- bis 60jährigen Mann aus Deutschland, der als Angestellter bei einem Strom- und Wasseranbieter arbeitend auch die wirtschaftlichen Nötigkeiten mitbrachte, um die in der so genannten arabischen Welt, tatsächlich ist die arabische Welt eine ganz eigene und von den sonstigen Welten dieser Erde sehr getrennte, also in der arabischen Welt so wichtigen Mentalität des Versorgt-sein-Wollens befriedigen konnte. Und mit diesem Glück kamen natürlich auch die typischen Versprechungen dieser deutschen homosexuellen Männer, die zuhause weniger, in der Dritten Welt mehr auf der Jagd nach unkomplizierten Affären und Frischfleisch sind, neben täglichen Anrufen, neben kleinen Geschenken, neben vielen Besuchen und vielen Stunden des gemeinsamen Genießens sexueller Begierden auch so viele kleiner und größerer Versprechen, Schulbesuch in Deutschland, Ausbildung, eine architektonische Zukunft in einer für die hiesigen Jungen surrealen Welt neben dem Islam und natürlich auch die Ehe, die man sich dort erkämpft hatte, die Ehe als Lockmittel der feisten deutschen Männer zum Einfangen einer asiatischen, puppenähnlichen Kindsfrau, bei Schwulen zum Locken eines Arabers oder gar Schwarzen, die ja mit so vielen Attributen gesegnet sein sollen, die ein deutscher, dem Alltag verhafteter und vielleicht auch sexuell zu kurz gekommener Kleinbürger sich kaum zu erträumen wagt, aber hier nun auf diesem Wege erfüllen könnte.

Robert versprach Simon seine Liebe, und Simon schenkte ihm seinen Körper, seine Gegenwart, all seine Hoffnungen und zuletzt auch seine Zukunft, Jahr für Jahr, in denen Robert nach Tanger kam und sich den Preis für die vielen Versprechungen abholte und ließ einen jungen Mann zurück, der sich immer und immer wieder die Frage nach der wahren Liebe stellte, die schon sein Vater nicht beantworten konnte, all die Männer vorher nicht, nun auch dieser Mann, dieser deutsche Robert nicht und starb erneut jenen Tod, der in einem gleichmäßigen Abstand der erste Tod einer heilen Familie in Marokko war, der Tod der deutschen Kindheit und nun nach weiteren sechs Jahren der Tod dieser vielen Hoffnungen und Träume und einer Liebe, die keine ist, was der Junge nicht verstehen kann, was Robert aber versteht, der schnell einen anderen Mohammed finden wird, der sich auch bald schon gern Simon rufen lassen wird, wenngleich Robert auch Teilhabe hat an der Endgültigkeit dessen, was dieser Simon in seinem fortschreitenden Leben nun noch erwartet.

Hochzeit am Maghreb

Es ist wie in den meisten arabischen Ländern, die Ehefrauen sind oftmals sehr jung, die Ehemänner manchmal väterlich alt, so auch in Al-Mamlaka al-maghribiya, der arabische Name Marokkos. Üblicherweise und traditionell kann man nur heiraten, wenn der Mann wirtschaftlich in der Lage ist, seine zu gründende Familie auch zu ernähren. Die Angebetete bekommt zwar die Aussteuer mit, und auch die Hochzeitsfeierlichkeiten werden von beiden Seiten getragen, doch dann beginnt auch schon die Verantwortung des Mannes.

Abdel stammt aus einer armen Familie. Er ist eines von sechs Kindern. Der Vater ist früh verstorben. Nun kümmern sich die Brüder um die Mutter und die Geschwister. Die, die Arbeit gefunden haben, es herrscht eine sehr hohe Arbeitslosigkeit, teilen ihr Einkommen. Der älteste Sohn ersetzt die Vaterfigur, und gemeinsam sorgt man für die anderen. So liegt es nahe, erst ein kleines Vermögen anzuhäufen, um erst die Aussteuer für die Schwestern zu sparen und diese dann zu verheiraten. Darin ist in gewisser Weise ein Widerspruch enthalten, denn bei einem sehr niedrigen Durchschnittseinkommen, das schon zum Leben kaum ausreicht, geschweige denn zum Versorgen einer Großfamilie, sammelt sich nur kleines Geld, und die Jahre gehen dahin. So bleiben gerade oft die Verantwortlichen in der Familie unverheiratet.

Abdel ist 36 Jahre geworden, bevor er in der Lage war, mit seinem überdurchschnittlichen Verdienst das nötige Vermögen erspart zu haben, um sich zum Einen an den Kosten für die traditionelle Hochzeitsfeier zu beteiligen und zum Anderen seine zukünftige Ehefrau auch zu versorgen. Außerdem hat er ältere Brüder, und die Eltern seiner jungen, hübschen Chadidja stellen ein Stockwerk in ihrem Haus für das junge Paar kostenfrei zur Verfügung.

Der Hochzeitstag gilt für die Frau als der wichtigste Tag in ihrem Leben. Auch deswegen wird sehr groß gefeiert, in diesem Fall mit 150 Gästen, Verwandten und Freunden. In einem großen Stoffzelt, das mitten auf einer Seitenstraße und vor dem Haus aufgebaut wird, heizen Musiker den Anwesenden mit arabischen Schlagern ein, Sängerinnen singen, und später folgen die alles beherrschenden Berber-Gesänge, Trommeln und Flöten. Es werden keine Standes- und Altersunterschiede gemacht, die Wohlhabenden sitzen neben den Armen, die Kinder mit den Eltern. Sie spielen während der Feier oder tanzen miteinander. Alles ohne Alkohol. Fanta, Cola und Wasser sowie die Klänge reichen aus für den Rausch, der die ganze Nacht hindurch andauert. Ärmere Familien feiern mit einem Straßenumzug und versammeln sich auf einem freien Platz, einem großen Picknick gleich, reiche Familien mieten sich in einem Luxus-Hotel ein.

Während sich die Gäste amüsieren, bleibt die Feier für das Brautpaar eine unglaubliche Tortur.

Früh morgens schon werden die Haare der Braut gerichtet, sie wird geschminkt, ihre Nägel werden lackiert, zwei Brautjungfern, die sich den ganzen Abend um die prächtigen Gewänder kümmern, färben die Hand- und Fußflächen der jungen Berberin mit Henna ein, um sie vor dem bösen Blick zu schützen. Dieser Pflanze, aus der die Farbe gewonnen wird, wird eine besondere, göttliche Heilkraft nachgesagt, was im mystischen Islam der Berber eine große Rolle spielt. Die Hälfte der Bevölkerung sind Berber.

Die ersten Familienmitglieder finden sich gegen Mittag ein. Der Aufbau und die Organisation des Festes ist im vollen Gange - natürlich unter den aufmerksamen Blicken der Mutter der Braut. Da soll möglichst nichts dem Zufall überlassen bleiben. Gegen 14 Uhr ist das Zelt restlos gefüllt. Die Stimmung der Gäste steigt, und die Braut wird von vier Trägern auf einer Sänfte unter Applaus und musikalischen Klängen und Gesängen herein getragen und auf den Thron der Ehe begleitet.

Der zukünftige Ehemann folgt. Hier verbringen nun beide den ganzen Abend bis etwa sechs Uhr morgens, ohne sich wirklich zu beteiligen, ohne zu speisen und zu trinken, während um sie herum gefeiert, gegessen, getrunken, gelacht und getanzt wird. Im Laufe der Nacht wird die Braut sechsmal umgezogen. Die Farben und Gewänder haben alle einen traditionellen Ursprung, und es wird sich minuziös an die Regeln gehalten. Gegen drei Uhr morgens werden die Ringe getauscht, der Bräutigam steckt daneben der Braut auch noch goldene Reifen an den Arm, man reicht sich gegenseitig ein Stück Gebäck, ein Getränk - Symbole für die künftige Verbundenheit, für den Wunsch nach Wohlstand, für das gemeinsame Leben und natürlich die Hoffnung auf Glück. Dem Brautpaar steht die Erschöpfung ins Gesicht geschrieben. Die sommerliche Hitze trägt ihren Teil dazu bei. Nun wird mit den Gästen gefeiert. Braut und Bräutigam werden durch die Reihen getragen und werfen Blumen in die Menge, wünschen damit allen Gästen das gleiche Glück und hoffentlich auch bald den richtigen Partner.

Papa und Maman hatten vor vielen Jahren den beiden ihren Segen gegeben; damals als Abdel seine große Liebe zum ersten Mal in der Altstadt gesehen hatte und ihr auf den Straßen und in den Gassen gefolgt war, bis zum elterlichen Haus und so lange ihr die Treue hielt, bis er der Familie vorgestellt und später als zukünftiger Ehemann akzeptiert wurde. Das ist nun sechs Jahre her.

Alle scheinen glücklich, der jüngste Bruder der Braut, für den eine Heirat noch in weiter Ferne liegt, vielleicht sogar gar nicht in Frage kommt, die entfernte Verwandte aus Casablanca mit ihrem ersten Kind, Yoseph, der Neffe der Braut und Sohn des ältesten Bruders, Fatimah, die Nichte. Und nach dem großen Mahl singt, musiziert und tanzt die Berber-Kapelle, der von den Gästen immer wieder Geld zugesteckt wird.

Eine Hochzeit ist ein großes Ereignis für die ganze Familie. Hier trifft man sich wieder, erzählt Neuigkeiten, lernt vielleicht sogar neue Verwandte kennen, klügelt Ideen aus oder tratscht einfach nur, während nach fast 24 Stunden das Brautpaar die Hochzeitsnacht in einem traditionellen Riad-Hotel begeht.

Nun werden eine Woche lang die Familienangehörigen, die von weit her gekommen sind, versorgt und bewirtet, man macht Unternehmungen, sitzt viel zusammen und spricht miteinander, bis dann am Ende der Woche noch einmal der nähere Verwandtenkreis zusammenkommt, gemeinsam isst und eine Art Abschiedsfeier verlebt.

Das Paar bricht zur Hochzeitsreise auf, und wenn die beiden wieder zurück sind, folgt die Erschöpfung und natürlich auch der Alltag. Abdel muss noch mehr arbeiten als vorher, denn während aller Freitage verdient er kein Geld. Als Urlaub gilt in Marokko der Sonntag. Sein Anteil an den Kosten der Feierlichkeiten verschlang etwa 20 Monatsgehälter, der Lebensunterhalt muss eingebracht werden, Möbel, Kleidung und... und natürlich die niemals enden wollenden Ansprüche einer arabischen Ehefrau.

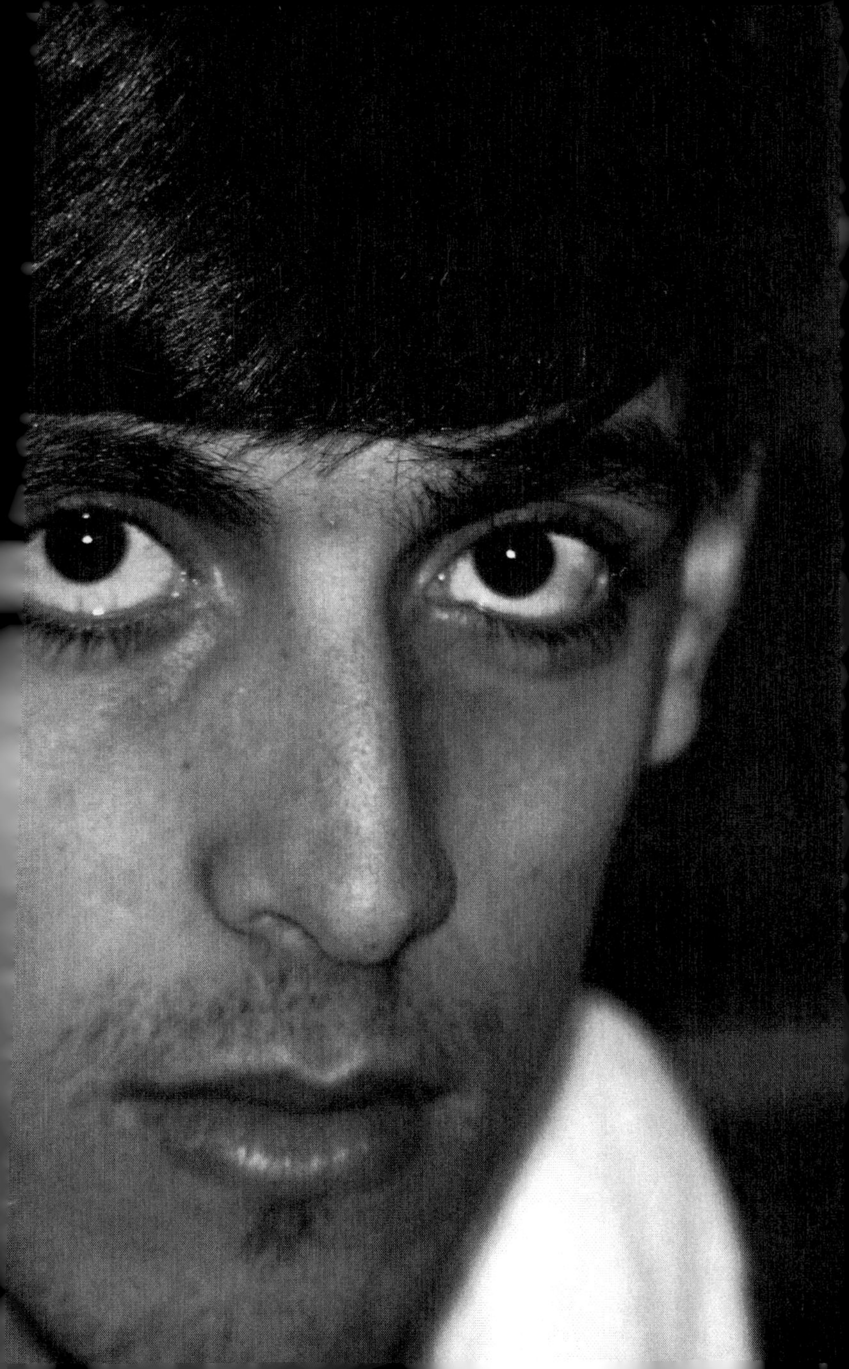

Arabische Liebe

Ayob ist 20 Jahre jung. Er lebt in Casablanca und entdeckt seit einigen Monaten seine Homosexualität in einem Land, in dem diese unter Strafe steht, einer gesetzlich geregelten Strafe, einer im Koran noch drastischer geforderten Strafe, einer im Alltag einer marokkanischen Familie bis hin mit dem Tod gleichgesetzten Strafe, mit dem Tod des Sohnes, um den gesellschaftlichen Tod der Familie zu verhindern, in einer Gesellschaft, in der es unvorstellbar viele homosexuell veranlagte Männer zu geben scheint, noch viel mehr bisexuelle, manche eben, weil Sex mit Frauen vor der Ehe nicht erlaubt ist, andere weil sie den männlichen Körper begehren, wieder andere, weil auch diese Sexualität, gerade die mit Kindern, einen Teil der unsäglichen arabischen Tradition darstellt. Erniedrigung und Unterdrückung.

Ayob ist ein netter, für hiesige Verhältnisse gut ausgebildeter, fröhlicher junger Mann, dessen großer Wunsch es ist, sein Medizinstudium abzuschließen und einmal als Chirurg tätig zu sein, nicht dringend, um Menschen zu helfen, aber dafür um all die gesellschaftliche Anerkennung zu bekommen, als Herr über Krankheit und Gesundheit, über Leben und Tod und natürlich auch als ein gut verdienender Teil einer Gesellschaft, in der über allem das Goldene Kalb wacht, viel höher stehend als der in der Mehrheit der Bevölkerung nicht gelesene Koran und seine alt- und neutestamentarischen und stark vereinfachten Kopien der göttlichen und prophetischen Geschichten oder der sich darin befindlichen vielen Suren, die das Leben noch weit vor dem Mittelalter regelten, die Sitten und Gebräuche aus einer noch größeren Zeitspanne davor, ja untergegangenen Zeit aufrecht erhalten sollten und heute noch sollen, wenngleich das Leben schon lange ein anderes ist, für die meisten eigentlich schon keines mehr, kein Leben, so wie es die Werbung in den zahlreichen auch ausländischen Programmen verstehen lässt.

Ayob fragt mich, was Liebe sei, und mir fällt es sehr schwer, ihm zu antworten, fühlt man doch die Liebe, ist sie doch ein

Teil des eigenen Wesens, eben auch jener Teil, der es einem ermöglicht, ein Leben zu leben, es zu gestalten und auszukosten, es anzunehmen und vieles davon weiterzureichen, einmal sicher seiner müde, aber doch zufrieden damit, es loslassen zu können und zu gehen und doch zu bleiben, wieder in der Liebe der nächsten Generation, der vielen Menschen, in denen man durch deren Liebe und wegen der Liebe, die man selbst empfindet und weitergegeben hat, erhalten bleibt. Ayob fragt mich, was Liebe sei, und ich antworte ihm, dass es Liebe sei, einen Menschen bei sich zu spüren und nicht zu sehen, neben ihm aufzuwachen und einzuschlafen und sich geborgen zu fühlen und dieses Gefühl auch ihm zu vermitteln. Ayob fragt mich, was Liebe sei und ich antworte, dass es die Liebe sei, die über weite Strecken Nähe schafft, dass die Liebe Menschen zusammen führt und Einheit gewährt, dass Liebe einander körperlos gestaltet und aus zwei Wesen einen Menschen formt, und Ayob fragt mich, was Liebe ist. Liebe ist es, dass man ohne den Partner nur halb erscheint, dass man mit dem Partner mehr noch ist als nur eins. Liebe ist es, dass der Schmerz ungesagt berührt. Liebe ist die Freude in den Augen des Gegenübers, ist die Lust beim Sex, ist die Genugtuung beim ineinander Verschlungen sein, ist das, was einen morgens erwachen lässt, sind die vielen Freuden im Alltag, ein kleiner Kuss - vielleicht, eine zarte Berührung - ganz sicher -, ein kurzer Blick - bestimmt. Und ich frage ihn. Ayob, was ist Liebe?

Und er antwortet mir: Ich weiß von keiner Liebe. Ich habe das niemals bekommen oder gegeben. Liebe ist das, was ich gelernt habe. Und ich frage ihn: Ayob, was ist Liebe? Liebe meint, dass mein Partner mir Parfum mitbringt, mir Geld zum Ausgehen gibt, dass er mir schöne Kleidung kauft und Schuhe, und Liebe ist, dass er alles tut, damit es mir gut geht und ich meine Jugend genießen kann und so lange, bis ich selbst viel Geld habe, und bis dahin werde ich ihn lieben, weil er mich liebt und mir alles gibt, was ich zu einem schönen Leben brauche. Ayob, sag mir, was Liebe ist! Dann nehme ich mir einen jungen Freund und gebe ihm meine Liebe. So war es bei meiner Mutter und meinen Geschwistern auch, die verheiratet sind und

einander jetzt lieben, und so kenne ich es bei meinen Freunden, die nehmen alle Geld und Geschenke, und so vermitteln es mir auch unsere Traditionen. Ayob, was ist Liebe? Wenn ich jemanden mag, dann mache ich mit ihm Sex. Aber ich liebe ihn nicht, denn er beschenkt mich nicht. Liebe kommt mit der Zeit und mit dem schönen Dingen. Und Ayob fragt mich, ob ich ihn denn liebe.

Mohammed und die Liebe

Mohammed ist erst 24 Jahre alt. Er ist verheiratet, eigentlich weniger, weil er es wollte, sondern weil sich seine Eltern mit den Eltern der noch jüngeren Braut darüber verständigt hatten. Das ist ein alltäglicher Vorgang in Marokko. Mohammed weiß nicht wirklich, was Liebe bedeutet und dementsprechend ist ihm auch nicht klar, ob er seine Frau liebt oder nicht. Liebe kann man lernen, sagt Mohammed, haben auch seine Eltern gesagt, und die lieben sich nun schon seit bald drei Jahrzehnten. Mohammeds Frau glaubt, ihn heute schon zu lieben, soweit es eben geht. Und zudem hat Mohammed einen guten Charakter. Den hat nun wirklich nicht jeder in Marrakesch. So kann man sagen, dass sie Glück hatte, und Glück ist ja vielleicht so etwas wie Liebe.

Beide leben im Haus der Eltern des Ehemannes. Eigentlich würde man erst geheiratet haben, nachdem Mohammed genügend Geld gespart hätte, um der Familie ein eigenes und geeignetes Zuhause bieten zu können. Außerdem muss er natürlich einen Arbeitsplatz haben, der nicht nur sicher ist, sondern auch genügend Lohn erwirtschaftet. Mohammed hatte und hat nicht genügend Geld, um sich und seiner Frau eine eigene Wohnung zu mieten, geschweige denn zu kaufen. Mohammeds Arbeitsplatz ist zwar sicher, jedoch ist der Lohn nicht hoch genug, um damit sich, seine Frau und dann noch die Familie zu ernähren, denn natürlich muss er einen Teil seines Lohnes bei den Eltern abgeben.

Mohammeds Eltern sind nicht anders als andere Eltern in Marokko. Sie haben den Sohn konservativ erzogen, gottesfürchtig, gehorsam und immer auch in dem Gedanken, dass er einmal die Altersversorgung sein würde, würden die anderen Geschwister ausfallen. Einer der Hauptgründe, warum man in Marokko überhaupt Kinder bekommt, und bisher beteiligen sich die Geschwister nicht im größeren Maße an der Versorgung der Eltern. Dieses uralte Prinzip der Rente, das selbst im 21. Jahrhundert in der arabischen Welt Bestand hat, beendete die Jugend Mohammeds plötzlich, faktisch starb er seine Jugend, starb er jenes unbefangene Leben, das ihn nach der Schule mit seinen Freunden auf die Straßen von Marrakesch hinausgetrieben hat, den Mädchen nachsehend, Motorräder in den Schaufenstern verträumt bestaunend, die neuesten Kleider ausführend, die neuen Jeans, die neuen Turnschuhe, eine neue Uhr vielleicht, vielleicht auch einfach nur, um gemeinsam Eis zu essen, Milcheis, Vanille, Schokolade oder gemixt in immer enger zusammen laufenden Streifen hin bis zur Spitze der Tüte. Mohammeds Jugend starb den Tod, den Veränderungen mit sich bringen, ein bisschen starb er auch seine Zukunft.

Als sich dann die Eltern eines Tages mit den Eltern seiner heutigen Ehefrau auf eine Verbindung der beiden Kinder, eine Heirat, verständigten, war Mohammed nicht nur überrascht, sondern eigentlich sogar etwas darüber enttäuscht, dass diese Sitte ihm so früh widerfahren würde, seinen Freunden und anderen jungen Marokkanern mehr Zeit gegeben wurde, um die Freiheiten eines Junggesellen zu genießen, jene Freiheiten, von denen er gehört hatte, von denen eben alle immer sehr stolz auf den Straßen berichteten und er selbst auch so gern berichten würde. Einfach nur, um einer von ihnen zu sein. Einfach nur, um etwas anzugeben – vielleicht. Eigentlich nicht mehr.

Das Geld hat nie gereicht, und es würde auch nach der Eheschließung nicht reichen, und dabei hat es auch nicht geholfen, dass er neben seiner Tätigkeit als Kellner in dem Riad-Hotel auch noch die Zimmer aufräumte oder reinigte, sich um den Garten oder die Höfe kümmerte oder seiner Ausbildung entsprechend noch Massagen durchführte. Das mit den Nebentätigkeiten verdiente Geld war willkommen, aber natürlich nicht genug, weswegen Mohammed nun begann, auch Kunden zu massieren, die nicht Gast im Hotel waren oder ihn privat um eine Massage baten. Diese privat durchgeführten Massagen brachten sehr viel mehr Lohn ein, ging die Bezahlung nicht an den Arbeitgeber, der nur einen Bruchteil dessen weitergab, sondern direkt an Mohammed. Um den hohen Preis der privaten Massagen zu erklären und zu rechtfertigen, ging Mohammed mit der Zeit dazu über, seine Massagen auch auf die intimen Körperbereiche seiner Kunden auszuweiten, es handelte sich in der Mehrzahl um männliche Kunden, denen er neben der körperlichen Entspannung nun auch eine sexuelle verschaffte. Diese Dienstleitungen sind in Marokko sehr weit verbreitet. So starb Mohammed, der den Namen des Religionsstifters trägt, mit dessen Religion er aufgewachsen ist, seine Unschuld und erklärt das eben mit den Regeln dieser Religion. Allah erlaubt und er zeigt Mohammed sogar den Weg.

Heute öffnet Mohammed die Tür des Hotels. Er hat Tränen in den Augen. Seine verschleierte Ehefrau sitzt im Büro. Sie war beim Arzt. Sie war im Krankenhaus. Dort hat man festgestellt, dass das Baby, mit dem sie schwanger ist, nur noch tot entbunden werden kann. Die empfohlene Operation wird sehr viel Geld kosten, zuviel Geld für Mohammed. Somit wird er wieder seine Dienstleitungen anbieten. Daran gewöhnt es sich schnell, zudem ist es leicht verdientes Geld.

Vielleicht wird er sich von seiner Ehefrau trennen, erzählt er. Er weiß von anderen jungen Männern, die sich von ihren Frauen haben scheiden lassen. Das ist sehr teuer, aber eine Scheidung schenkt auch ein neues Leben. Und Mohammed hat das dringende Gefühl, ein Recht auf ein eigenes Leben zu haben. Bei einer solchen Entscheidung helfen der Tod des Kindes und jene Tradition, die ihm in den letzten Jahren das eigene Leben genommen hat. Nun wird er das seine gegen das seiner Frau tauschen.

Lise und Lotte, meine beiden Kater, wecken mich früh, um ihnen die Tür zu öffnen, um unser gemeinsames Schlafzimmer zu verlassen, ihr Frühstück einzunehmen und die Morgentoilette zu begehen. Fast in Trance verlasse ich mein Bett, öffne die Tür, beide schleichen auf Zehenspitzen hinaus. In etwa einer halben Stunde werden sie wieder kommen, leise durch die nun offene Tür und sich wieder auf das Bett legen. Die ersten Sonnenstrahlen nehmen die Chance wahr, das dunkle Zimmer zu erobern. Im Halbschlaf gleiten meine Blicke über die Deckenmalerei. Graphische Motive, Arabesken, zahllos, in endloser Folge. Fast automatisch beginne ich zu zählen, abzugleichen, mit meinen Blicken auszurutschen und erneut die Motive zu zählen, bis ich sachte wieder in den Schlaf komme.

Es ist bald 9 Uhr morgens. Meine beiden Lieblinge spielen miteinander. Nadera klopft an die Tür, das Frühstück ist serviert. Die frische Luft ist angenehm. Im Haus herrscht Stille, nur die Vögel, beobachtet von den Katzen, fliegen im Hof umher, rufen einander, berichten vielleicht und erfreuen sich daran, dass es ihnen immer wieder gelingt, den Fangversuchen von Lise und Lotte zu entkommen.

Ritas Mann Hassan

Rita ist 36 Jahre alt und hat zwei Kinder, Mohammed, den älteren Sohn, und Fatima, die jüngere, begabte und intelligentere Tochter. Mohammed war immer der Liebling Hassans, und Hassan war Ritas Ehemann.

Rita ist eine der beiden Töchter einer Familie mit sechs Kindern, das siebente verstarb nach der Geburt. Die Familie ermöglichte es Rita, nicht nur die Schule zu besuchen, sondern später auch einmal zu studieren, und es stand ihr frei, was sie studieren, welchen Interessen sie nachgehen wollte. Rita zog es vor, die Schule nach den drei Pflichtjahren zu verlassen. Viele Kinder in Marokko nehmen nur die Pflichtjahre wahr, eben so viele besuchen gar keine Schule, sondern beginnen früh mit der Arbeit, um der Familie zu helfen, der eigentlich Sinn einer Kindheit und Jugend, so erscheint es gerade in den ländlichen Gebieten. Denn die Kinder sind den Eltern Dank dafür schuldig, dass diese sie ernähren, kleiden, für eine Unterbringung sorgen. Die Kinder danken es den Eltern mit lebenslangem Gehorsam, insbesondere aber mit harter Arbeit in frühen Jahren und dem Rückzahlen dieser Bürgschaft. Diese Last haben oftmals der älteste oder der jüngste Sohn zu tragen. Mit viel Glück und Gottes Hilfe bringt man die Töchter noch jung, schnell und vorteilhaft unter, natürlich mit einer Aussteuer und ist so zumindest diese wirtschaftliche Last los.

Rita ist eine hübsche Frau. Sie hat eine helle, glatte Haut, ein offenes Gesicht, sehr gefühlvolle Augen, volle Lippen und ein strahlendes Lachen. Als Hassan sie sah, da wusste er, dass sie die Frau an seiner Seite sein und eines Tages seine Kinder zur Welt bringen würde, insbesondere seinen Sohn. Da spielte es keine große Rolle, das Rita nicht lesen und schreiben konnte, dass sie faktisch völlig frei von jeglicher Bildung ihre Jugend in der Küche oder dem Haushalt verbracht hatte, im Gegenteil.

Hassan war ein sehr auf die Traditionen bedachter Mann und entstammt einer Berber-Familie, die seit vielen Generationen in den Bergen gelebt hat. Ihm kam die typische und althergebrachte Prägung seiner zukünftigen Frau sehr entgegen, zudem auch die Tatsache, dass er nicht nur Ehemann sein würde, sondern auch Vater, unumstrittene Autorität im Haus, Gott ähnlich in einem sterblichen Körper. Zwischen Rita und ihm lagen 21 Jahre, eine Generation, mehr noch eine Welt, denn Hassan besuchte die Schule, Hassan hatte studiert, wusste alles über das Leben, alles über den Islam, der unumstrittenen Grundlage des Lebens in Marokko. Hassan wusste auch, was gut für Rita sein würde, die sich schnell in Hassan verliebte, trotzt seiner schlechten Umgangsformen bei Tisch, im Verhalten gegenüber anderen, trotzt der fehlenden zivilisatorischen Möglichkeiten, ein Leben mit mehr inhaltlich zu prägen als nur der Ernährung und der Vermehrung verpflichtet. Das jedoch unterschied Hassan nicht von anderen Männern in Marokko, und Rita wollte frühzeitig ihrer traditionellen Rolle gerecht werden, in der sie sich schnell einfand, darin aufblühte und durch und durch aufging. Zudem war Hassan eine gute Partie.

Rita bekam den Sohn und eine Tochter, obwohl sie geistig selbst noch ein Kind war. Rita führte den Haushalt, sie kochte, putzte und stillte selbstverständlich auch Hassans sexuelle Bedürfnisse. Sie war nicht nur eine junge, ja fast kindliche Ehefrau, sie war auch aufmerksam, gehorsam, züchtig, ordnete sich der traditionellen Kleiderordnung ebenso unter wie den gesellschaftlichen Verhaltensmustern, die für Frauen in einer Männerwelt vorgesehen sind. Wenn Rita gegen diese althergebrachten Regeln verstieß, so wurde sie von Hassan bestraft, gezüchtigt, geschlagen. Frauen sind da wie die Tiere. Sie müssen den Gehorsam erlernen und dem Manne dienlich sein, und sie müssen gezüchtigt werden, denn sie verführen nicht nur den Mann zu unsittlichem Verhalten, in ihnen verbirgt sich auch der schlechte Teil dieser Welt, etwas Teuflisches, was dem gottesfürchtigen Mann immer Versuchung ist und gegen das er sich nur mit Gottes Hilfe verwahren kann und eben auch mit der Züchtigung. Das spürte Rita, das war ihr natürlich klar.

In ihr verbarg sich die Versuchung. In ihr verbarg sich das Düstere und Schlechte, dass manchmal Rita Dinge tun ließ, die der Prophet in seinen Schriften nicht erlaubte, die Rita niemals auch nur ansatzweise lesen konnte, von denen Hassan ihr aber regelmäßig erzählte und sie lehrte. Schlug Hassan Rita, dann war es gut so und gerecht. Und vergewaltigte Hassan Rita, dann war es ihre Schuld, die die Laster der Verführung in sich trug. Da war es nur richtig, dass sie sich öffentlich niemals ohne Verschleierung zeigen durfte, um nicht noch mehr Unglück über die frommen Männer zu bringen, um nicht noch mehr im Schatten des göttlichen Erbarmens leben zu müssen.

Nun war ihr Sein nur noch als Teil des Lebens Hassans zu sehen. Sie versprach die Treue und den Gehorsam bis in den Tod, und das hieß bei einem so viel älteren Mann bis hin zu ihrem eigenen Tod, früher oder später als Witwe, niemals die eigenen Gefühle, Bedürfnisse auslebend, nicht erbberechtigt, keine Chance auf ein neues Glück, weil mit dem Glück auch die Rente gehen würde. Die Zukunft galt dem Sohn Mohammed. Ihm wird das Erbe gelten, ihm einmal die Rolle des Haushaltsvorstandes. Sie wird immer die Mutter bleiben, manchmal nur die Mutter, bis dahin die Ehefrau, immer das Eigentum Hassans und sich ihre Freiheiten in jenen Nischen suchen, die einem Leben als Frau vorbehalten sind, wenn dabei nur die streng und vom Mann gezogenen Grenzen ja beachtet werden.

Einmal, nachdem Rita vom Einkaufen von Lebensmitteln mit ihrer Schwester, die noch im Hause der Familie lebte, zurück in das Haus Hassans kam, die beiden Kinder waren in der Schule, traf sie dort auf Hassans ältesten Neffen. Er teilte ihr mit, dass sein Onkel verstorben sei, schon vor Stunden. Offenbar hatte Hassan einen Herzinfarkt erlitten. Er zuckte, presste seine Hände an die Brust, fiel zu Boden, atmete schwer, keuchte. Der Neffe versuchte, ihn zu beruhigen. Hassan beruhigte sich tatsächlich, nach einer Weile bracht dann auch dass Keuchen ab. Der Neffe beugte sich über den reglosen Körper, versuchte den Atem zu spüren, schlug Hassan ins Gesicht, doch es kam keine Regung mehr. Hassan war offenbar tot. Ein Arzt oder dessen Telefonnummer war dem Neffen nicht bekannt. Zudem hatte er nur wenig Guthaben in seinem Telefon, das er nicht verbrauchen wollte. Nun wartete er auf Ritas Rückkehr und sah während dessen fern. So Gott will, war Hassan tot und mit seinem Tod begann nun ein weiterer Schritt im langsamen Sterben Ritas.

Bab El-Khemis

Die Souks von Marrakesch gehören zu den größten in der arabischen Welt. Dem Fremden ist es fast unmöglich, sich darin zurecht zu finden, in die Tiefen vorzustoßen, geschweige denn aus diesem Labyrinth wieder herauszufinden. Man kann sagen, dass die meisten Touristen nur in diejenigen Souks vorstoßen, die mehr oder minder als Aushängeschild der Altstadt sich ganz und gar auf Ausländer und damit die wenigen Geldbringer konzentrieren. Es werden zumeist immer die gleichen Waren, dafür aber in unvorstellbarer Menge und ebenso unglaublichen vielen Variationen angeboten. Zumeist sind es handgearbeitete Produkte, die nicht nur überteuert verkauft werden, sondern zudem von geringer Qualität auch wenige Wochen oder Monate später zerfallen. Dennoch reicht es den meisten Besuchern als Erlebnis, insbesondere deren Versuche, mit den vielen jugendlichen Verkäufern zu handeln, obwohl sie in jedem Fall zuviel bezahlen werden. So, wie sich die Touristen auf das Handeln vorbereiten, so richten sich natürlich die Verkäufer auf eben dieses eigentlich unter Marokkanern nicht übliche Spiel ein und vervielfachen die Preise vorher. In jedem Fall erhalten sie ein Vielfaches, nicht nur des Einkaufs, sondern des eigentlichen Verkaufspreises. Vor den Italienern wird gewarnt. Die sollen gar stehlen. Die Spanier sind laut und geben nichts aus. Die Franzosen sind geizig oder haben kein Geld. Die Engländer handeln ungern, auch die Deutschen und Amerikaner, weswegen diese drei Besucher die beliebtesten sind. Gerade die Deutschen gelten zudem noch als ängstlich und oft auch feige, weswegen sie sich niemals auf eine Auseinandersetzung einlassen, sondern lieber gleich bezahlen. Ein wenig haben diese ortsüblichen Erfahrungswerte auch etwas mit der großen Weltpolitik zu tun und decken sich in vielen Bereichen.

In den letzten Jahren ist einer der eher von Einheimischen besuchten Märkte zu einem Anziehungspunkt für Ausländer geworden. Der Markt Bab El-Khemis wird in den Reiseführern als typischer marokkanischer Markt angepriesen und der dortige Besuch unbedingt empfohlen. Auf diesem feststehenden, in einem sternförmig zulaufendem Gassensystem in der Neustadt am Rande der Medina sich befindlichen und in weiten Teilen überdachten Markt findet man faktisch alles, was ein Marokkaner so braucht, einem Baumarkt gleich. Ob es nun alte Türen sind, gebrauchte oder neue Matratzen, Fahrräder, ehedem von Europäern importierte und auseinander fallende europäische Antiquitäten, ob Stühle, Tische, Hocker, Lampen oder eben all die kunsthandwerklichen Waren der Touristen-Märkte, hier nur gebraucht, alt oder beschädigt, alles ist auf dem Bab El-Khemis zu finden und natürlich und eigentlich und ebenso ursprünglich günstig zu erwerben.

Manche der in Marrakesch lebenden Ausländer, die zudem ein Riad-Hotel betreiben oder gar einen Kunsthandwerks-Laden, kaufen hier günstig alle möglichen Dinge ein, so z.B. Geländer aus Holz oder Metall, gebrauchte und gedrechselte Ess- oder Couchtische, Kommoden oder Schränke, Teile von Kutschen, die einmal als Leichen-Transportmittel fungierten und widmen die durch Umbau oder Bearbeitung in alte Kerzenleuchter um, in typische marokkanische Baldachin-Betten oder antike Beistelltische, wenngleich es zum Einen fast gar keine Antiquitäten in Marokko gibt und zum Anderen die Tische oft einfach nur in der Mitte zersägt werden und nun als Anrichten oder Garderoben-Tische einen europäischen Bewunderer oder einen solchen Käufer erfreuen, oft dann auch noch als neuen Eigentümer finden.

Den meisten nicht marokkanischen Besuchern ist jedoch nicht bekannt, dass gerade dieser Markt und trotz seiner undurchsichtigen und sehr afrikanischen Geschäftigkeit, der vielen Menschen, der Marktschreier, der Gerüche und unbekannten Geräusche, der kleinen und größeren Läden, Straßenauslagen oder Stände ein sehr gut organisiertes, sehr autonom funktionierendes Areal für Diebe und Hehler ist, für Betrüger und eben auch jene, die das Verbrechen in ihrem Einflussbereich organisieren oder unterstützen, in Marokko oft eben auch Polizisten, sei es bei der Prostitution, den Bordellen, die mit Minderjährigen Jungen z.B. in Agadir gern von der Staatsmacht oder deren Straßenvertretern besucht werden, sei es beim Ausrauben von Sex-Touristen während und nach der vereinbarten Dienstleistung, durch Erpressung oder gar Mord, denen einige Männer in ihren Häusern zu Opfer fallen und die dann später als Selbstmord umgewidmet werden, ähnlich der Umwidmung der vielen Waren eben auf diesem oder irgendeinem anderen Markt in Marrakesch, in seinen Souks, seinen Läden oder gar den Riad-Hotels. Das islamisch-arabische Marokko ein großer Betrug. Eine große Lüge. Aber das weiß eigentlich schon jeder, das ahnt man doch, man hat davon sicher schon gehört. Wieder eines dieser Vorurteile, das ebenso wie das über die Deutschen und Italiener, über die Engländer und Franzosen oder Spanier in Marokko in gewisser Weise wiederum auch richtig ist, ganz im Großen sich teilweise bestätigt. Vorurteile sind zuletzt nichts anderes als eine Sammlung von Erfahrungswerten und deren Auswertung, ähnlich jeder Statistik, wenngleich auch nicht wissenschaftlich korrekt erhoben, ebenso oft aber ebenso richtig und gar nicht fehlinterpretierbar.

So wissen schon gleich an den verschiedenen Eingängen zum Markt die Protagonisten dieser Art von Straßenräuberei, wen es lohnt, auszurauben und geben diese Informationen gleich weiter an eine Armada an jungen Männern, die dann unbemerkt die Besucher laufend in Schach halten und sich in ihrer Nähe so lange aufhalten, bis sich eine Chance ergibt, sie auszurauben. Eben diese geraubten Gegenstände, Brieftaschen, Feuerzeuge, Uhren oder Schmuckstücke, Schlüsselanhänger oder Kameras werden gleich an die Hehler und von diesen sofort an die vielen Einzelhändler weitergereicht - alles ein Bargeschäft - die es nun wiederum an die zahlreichen Besucher weiterverkaufen, an Marokkaner die eher hier gewünschten Waren, Mobil-Telefone, an Europäer Gegenstände, die diese bevorzugen, so bleiben sie dann auch gleich im Eigentum der Fremden, wenn auch den Besitzer wechselnd.

Nabil bat mich, ihm meine Brieftasche zu geben, die er in einer seiner Vordertaschen deponierte. Er hielt es für sicherer und als gute Vorsorge gegen die vielen Straßenräuber, die natürlich hier auf dem Markt noch sehr viel häufiger aktiv werden, als ohnehin schon in Marrakesch. Für mich sprach nichts dagegen, insbesondere da Nabil ganz eindeutig Marokkaner ist und wahrscheinlich das Risiko ausgeraubt zu werden bei ihm geringer sein würde als bei einem Ausländer wie mir. So fühlte ich mich wohler, und er hatte das Gefühl, Fürsorge zu übernehmen. Marokkaner mögen das.

Als Nabil und ich dem Räuber folgten, den Nabil zwar beim Stehlen bemerkte, dem es aber dennoch gelang, die sehr tief sitzenden Brieftasche aus der Hose zu ziehen, wurde uns an der Reaktion und der meditativen Gelassenheit und ausbleibenden Hilfsbereitschaft in allen der vielen Gassen klar, dass es sich hier wieder nur um einen dummen Versuch eines Ausländers und seines Begleiters, der nun auch gleich zum Fremden wird, handelte, der in einem muslimischem Land Recht erwartete und zudem noch dumm genug war, einen Polizisten in eben dieser Gemeinschaft hier um Hilfe zu bitten.

Mikaels Freund

Mikael lebt seit drei Jahren in Marrakesch. Er ist Anfang dreißig und verheiratet, stammt ursprünglich aus Paris, wo heute noch sein Vater mit seiner zweiten Ehefrau und sein Bruder leben. Mikael besucht die Familie nicht häufig. Er hat auch nicht das Gefühl, dass es eine besonders enge Bindung zwischen ihnen gäbe. Das Leben Mikaels hat sich völlig anders entwickelt, als es zu erwarten war oder aber auch die Eltern es erwartet hatten. Der Junge studierte nicht, erlernte nicht einmal einen anständigen Beruf, trank zuviel, rauchte und verfing sich in den Träumen, die es einem ermöglichen, einem starken Vater zu entkommen, einer ablehnenden Stiefmutter, einer Gesellschaft, die immer forderte, aber irgendwie nie wirklich Unterstützung gab, zumindest nicht in den Bereichen, in denen Mikael stark gewesen ist oder gern auch stark gewesen wäre. Mikael und seine Frau verschlug es nach Marokko, nach Marrakesch, denn in Marrakesch boomte es, da wurde gebaut, da explodierten die Immobilienpreise, da entstanden viele französisch geführte Agenturen aus dem Nichts. Hier wollte Mikael Fuß fassen und Teil dieses kleinen arabischen Wirtschaftswunders werden. Zudem ist er als Verkäufer auch sehr talentiert, hat eine sympathische Ausstrahlung, ein offenes Lächeln, bleibt bei der Wahrheit und er ist zuverlässig, ungewöhnlich für den Berufsstand, noch ungewöhnlicher für Franzosen, die in Marokko leben und arbeiten, ganz ungewöhnlich aber für ein arabisches Land. So scheint Mikael zufriedener, als er es noch in Frankreich gewesen ist, wenn er auch hin und wieder an seinen Nägeln kaut und von Zeit zu Zeit zuviel Alkohol trinkt.

Heute besuchte ich Mikael in der Agentur. Ich wollte mein Versprechen einhalten und seinen Eltern nun anbieten, wenn sie in das verhasste Marokko kämen, um ihren Sohn zu besuchen, vielleicht sogar sein Leben zu inspizieren, mehr hofften wir eigentlich, dass der Besuch der Aufmerksamkeit für Mikael gewidmet sei und als Zeichen zu werten, dass man sich mit seinen Werdegang einverstanden erklärte, wenn sie sich also doch noch durchringen würden, Marrakesch zu besuchen, sie in meinem Haus wohnen könnten, ich mich um sie kümmern würde, ihr Programm gestalten, die Tage mit ihnen verbrächte. Das erschien mir als Dankeschön wichtig dafür, dass sich gerade Mikaels Vater während meines Aufenthaltes in Paris sehr um mich und meine Belange kümmerte, mir somit fast ein Vater war, ein Verhalten, das Mikael selbst all die Jahre misste, ein Vater, wie Mikael sich einen Vater gewünscht hatte.

Wir plauderten in seinem Büro, und ich hatte den Eindruck, dass Mikaels Enthusiasmus für Marokko und Marrakesch, für die Marokkaner und deren Wirtschaftswunder dahin sei. Tatsächlich liefen die Geschäfte schlechter. Immer weniger Menschen wollen sich in diesem arabischen Land ansiedeln, hat es sich doch herumgesprochen, wie es den Ausländern in Marokko ergehen kann und dass die Goldgräberstimmung dahin sei. Zudem wurden viel zu viele Baugenehmigungen erteilt, weil nur mit denen eben auch die Korruption im Lande funktioniert, am Laufen gehalten wird. Hier geht es um viel Geld. Hier geht es nicht um die Summen, die die Polizisten täglich den Menschen auf den Straßen rauben. Die Statistiken sind gefälscht oder werden falsch interpretiert. Die Bauqualität ist unvorstellbar schlecht. Häuser fallen nach wenigen Jahren in sich zusammen, und zuletzt sind die Preise zu hoch für eine Gegend, in der den Menschen nichts mehr geboten wird als Sonne und billiger, schneller Sex – keine Museen, kein Theater, kein Konzert, keine Oper, keine Kurzweil, kein wirklicher Service, keine wirkliche Lebensqualität. Die PR-Berater des Königs haben hier viel geleistet, um Marrakesch zu einem Magneten zu stilisieren. Geblieben ist jedoch viel Nichts inmitten der Wüste. Ein noch kargeres Leben, als die Umgebung Kargheit bietet.

Selten schafft es ein Franzose noch, den Traum vom Wohlstand, der ihm in Frankreich versagt geblieben ist, in Marokko zu realisieren. Das spricht sich herum. Nur wenige Touristen werden hier wirklich glücklich oder finden das, wonach sie gesucht haben. Nur weniger gehen mit mehr, als sie gekommen sind, und zu alledem kommt, dass es in Marokko kein funktionierendes Rechtssystem gibt, keine Rechtssicherheit, wirklich das physische und psychische Leben der Europäer in Gefahr ist, manche hier eben auch nicht überleben. Diskussionen sind für Schwächlinge. Nur wer lauter ist, hat Recht. Nur wer stärker ist, überlebt. Auf der Straße überlebt der Fahrradfahrer den Fußgänger, die Motorräder donnern durch die engen Gassen und reißen jeden nieder, der im Weg steht. Zwischen den Autos ist man als Motorradfahrer der Gejagte, weiß man nicht, wie lange es noch dauert, bis ein Falschabbieger, ein Träumender, einer ohne Führerschein oder jemand, der sich gerade ärgert, einem die Spur nimmt, gegen und über das Motorrad mitsamt Fahrer hinweg fährt. Und auch die Autofahrer kann es schnell mal treffen, wenn dem Bus- oder LKW-Fahrern danach ist.

So nun geschah es einem Freund Mikaels. Nach dem Unfall setzte der Autofahrer seine Fahrt fort. Er ging wohl davon aus, dass der am Boden Liegende ohnehin nicht mehr am Leben sei. Da konnte er dann auch nicht mehr helfen. Eher würde er nur Ärger mit der Abwicklung des Vorganges haben, weniger wegen der Schuldfrage, denn natürlich würde er lügen, um selbst nicht zur Verantwortung gezogen zu werden, sondern wegen der Diskussionen mit der Polizei, den Bestechungszahlungen und den vielen Papieren, die dann noch in zwei Sprachen auszufüllen wären. Alles widrige Umstände für einen ohnehin nicht seltenen Fall auf den Straßen dieser Stadt. In Marokko ist das Leben eines Fremden wenig wert und Menschenwürde schon gar nichts, wenn der Gegner tot ist oder tot erscheint. Der Fahrer fuhr weiter. Der Freund war kaum noch merklich am Leben und lag unter seinem Fahrzeug am Boden. Einer der unzählbaren Polizisten im Zentrum der Stadt näherte sich dem Geschehen, und als er nach einer Weile für den von ihm vermuteten Toten nun endlich den Rettungswagen rief, konnten die Helfer nur noch einen Mann abtransportieren, der offenbar ohne Uhr und Ehering, ohne Kleidung und Schuhen, ohne Brieftasche, Papiere, Kreditkarten und Bargeld, also nur in Unterwäsche Motorrad gefahren war. Tage nach seiner Genesung war es dem Freund nicht mehr möglich, den

Namen des Polizisten herauszufinden, einen Unfallbericht zu bekommen oder gar ein Aktenzeichen. Ein solcher oder ähnliche Vorgänge sind die Regel in Marokko. Das Verbrechen trägt Uniform.

Als ich später das Büro verließ, dachte ich noch, dass ich selbst in nur fünf Wochen sieben Mal am Boden lag, einmal auch unter einem Fahrzeug und zukünftig den Kampf um das Überleben auf Marrakeschs Straßen ganz ohne Wertsachen aufnehmen werde, in der Hoffnung, dass die Hilfe schneller gerufen wird, wenn nicht viel zum Verteilen vorhanden ist und somit mein regloser Körper einfach nur stört im Fluss des Verkehrs.

Die Medina ruft. Kleine Einkäufe in den Souks, Obst, Gemüse, Alltagsgegenstände, vielleicht einige Duftkerzen, Duftöle, zudem Rosenwasser für das Bassin.

Freunde kommen zu Mittag. Nadera bereitet Tajine, Kefta in Tomatensoße, frisches Brot aus der in der Nachbarschaft liegenden Bäckerei, direkt aus dem Feuer, warm, duftend, frisch gepresste Orangen, einmal werden die an meinen Bäumchen hängen. Tee. Von leiser klassischer Musik begleitet nicken wir ein, erschöpft und doch nicht wirklich belastet, uns sicher fühlend zwischen den dicken Mauern des Jahrhunderte alten Hauses, die selbst in der Mittagshitze ihre so lange schon gespeicherte Kühle halten, ja in die Räume weitergeben.

Die Fontänen des Bassins wecken sachte. Täglich einige Minuten im Wasser reichen schon aus, um den ganzen Nachmittag und am Abend nicht ins Schwitzen zu geraten, trotz der bald 40 Grad im Schatten. Über uns wiegen sich die breiten Leinenstoffe, die von einem Ende der Terrasse über den Hof zum anderen Ende gespannt eben diesen Schatten spenden. Die Haushälterin serviert Kaffee und einige Stücke Süßgebäck. Im Gespräch vergeht die Zeit. Beim Lachen geraten schwere Gedanken in Vergessenheit. Die Tage vergehen schnell, wenngleich auch in Ruhe, Ausgelassenheit, manchmal in Nachdenklichkeit, oft aber auch, ohne dass es mir gelungen ist, all meine täglich zusammengestellten beruflichen Aufgaben zu bewältigen. Das jedoch macht mir keine Sorgen. Der große Schatz Afrikas ist die Zeit. Ein Stück davon ist auch in meinem Riad zuhause.

Dar Atifel

Knapp 600 Kinder sind in dem größten Kinderheim von Marrakesch untergebracht. Sie leben, betrachtet man die Umstände, in denen der größte Teil der marokkanischen Bevölkerung lebt, in einem kleinen Paradies, in Gruppenzimmern, mit Speisesälen, mit Höfen und gartenähnlichen Anlagen, einem eigenen Hamam, Mädchen und Jungen getrennt, beim Spielen jedoch zusammen, inmitten dieser großen, pulsierenden Stadt einer Ruhestätte gleich, ein gepflegtes kleines Viertel, eine große Mauer, ein sehr großes Eingangstor, Erzieher, Personal und natürlich auch Wächter.

Das islamische Opferfest hat nichts mit dem christlichem Weihnachten zu tun, trotz der zeitlichen Nähe, die sich zudem Jahr für Jahr nach vorn verschiebt. Bei dem Opferfest geht es um die Erinnerung an den Propheten Abraham, dort Ibrahim, der seinen Sohn Isaak, im Koran den Sohn Ismael, Gott, seit Entstehung des Islam nun Allah, opfern wollte, was natürlich keinem der Kinder bekannt ist und auch nicht, dass diese Geschichte lediglich mit kleinen Namensänderungen dem Alten Testament und damit der Bibel der Juden entnommen und viele Jahrzehnte nach dem Tode Mohammeds erst die verschiedenen Teile unterschiedlicher Weltreligionen zu einem Koran zusammengefügt wurden, der zugleich aber auch altertümliche Gesetzesteile beinhaltet, um die damalige Herrschaft zu sichern, um eben auch eine Ordnung im Gemeinwesen zu erhalten. Wenngleich also das Opferfest nichts mit Weihnachten zu tun hat, so ist es für die Kinder in islamischen Ländern ein großes Ereignis, an dem sie auch kleine Geschenke erhalten, ein fürstliches Mahl, manchmal auch Kleidung, an den freien Feiertagen gemeinsam malen mit Buntstiften und Kreide, mit Tusche und Ölfarben.

Im Laufe der vielen Jahre, seitdem das Kinderheim existiert, hat sich vieles geändert. Mehr und mehr Spenden treffen von Ausländern ein, die geradezu Patenschaften übernommen haben. Das Königshaus und die Verwaltung führen das

Kinderheim als Vorzeigeobjekt. Und wenn der heutige König oder einer seiner Angehörigen zum offiziellen Besuch kommt, werden die Kleinen ausstaffiert mit all den vielen gespendeten und gekauften Kleidern, die gleich nach dem Besuch wieder eingesammelt werden. Wurden die Kinder zu Hassans Zeiten noch wild gezüchtigt, mit ihren Füßen als Strafmaßnahme in kaltes Wasser gestellt, oder wurden sie mit Stöcken geschlagen, eine in der arabischen Welt übliche Methode der Erziehung, mein Vater berichtete mir oft als Kind darüber, so dienen heute und auch seltener die Hände der Erzieher als Schlaginstrument, viel weniger schmerzvoll, oft auch nicht mit der gekannten Inbrunst des Ausführenden, wie es früher einmal war, so die Älteren, wenn zugeschlagen und dabei Gott angerufen wurde. Im Namen des Herrn. Allah ist groß.

Aber nicht nur das hat sich geändert. Die Korruption im Dar Atifel ist ebenso wie im Rest des Reiches enorm angestiegen. Wurden die entdeckten Verbrecher unter Hassan noch erbarmungslos gepeinigt, so werden es heute jene, die diese Vorgänge öffentlich machen. Große Teile des jährlichen Budgets verschwinden in den Taschen der Erzieher oder der Heimleitung, natürlich auch Kleidung oder Spielzeuge, die nun über diesen Umweg den eigenen Familien der im Namen des Königs im Kinderheim bediensteten Mitarbeiter zugute kommen. Allah ist groß. La ilaha illa´llah. Und zu Allah gibt es viele Wege.

In den vielen Bestandslisten und schriftlichen Dokumenten, alle repressiven Staaten legen auf unvorstellbar große Mengen an Aufstellungen, Dokumenten und Beglaubigungen wert, werden all die Ein- und Ausgaben, auch die Spenden genauestens festgehalten, wenngleich auch die billigen Orangen durch teure Bananen ersetzt werden und auch sonstige Getränke, Speisen oder Waren in den Listen auftauchen, die in der Realität nicht für die Kinder des Heimes tatsächlich gekauft, geschweige denn diesen zur Verfügung gestellt wurden. Auch hier kennt der real existierende Islam viele Wege, die zu Gott führen. Das geht so weit, dass den Kindern im Ramadan sogar besonders nahrhafte Produkte vorenthalten werden, Milchprodukte, Vitamine oder nötige Getränke, um die völlig widersprüchliche Fastenzeit gesund durchzustehen. Den meisten Kindern ist das alles nicht klar, ohnehin nicht bekannt, ob und was sie von den zahlreichen Besuchern als Spenden erhalten, nicht einmal die Schokolade findet ihre kleinen Empfänger. Und jene Jungen und Mädchen, die vielleicht noch Verwandtschaft haben, von denen besucht werden oder selbst zu Besuch das Heim verlassen, werden die Geschenke oft abgenommen und dienen den eigenen Kindern oder Familien als Überraschung. So wird die Zeit der Besinnung auf Gott eine Besinnung auf die weltlichen Möglichkeiten.

In Marokko herrscht eine besonders strenge Auslegung des Islams, einer Religion, die in weiteren Teilen nur wenig mit dem zu tun hat, was die Welt unter Zivilisation und Rechtsprechung, unter Gleichheit und Gerechtigkeit, unter Menschenwürde und Sozialverhalten versteht, deren Regeln nur wenige kennen, aber viele verbreiten, und je nachdem, wie es günstig für die herrschenden Strukturen erscheint, auslegen, eine Religion, die sich mehr in Verboten, weniger in Geboten ergeht, doch ist eben diese Religion das Wenige, was diese auseinanderbrechende Gesellschaft aus vielen sehr armen Menschen, unvorstellbar vielen Behinderten und sehr wenigen Reichen und Mächtigen zusammenhält, kein Stolz, keine wirklich großartige Vergangenheit, keine wirtschaftliche Leistung, keine kulturellen oder wissenschaftlichen Errungenschaften für die Weltgemeinschaft oder gar die Evolution, keine Chance auf Zukunft, nur eben eine Religion, der man folgt, blind, unverstanden und mit der alles erschlagenden Erkenntnis, dass das eben so ist, immer so war und so sein wird. So Gott will. Und tatsächlich, Gott scheint zu wollen, dass die arabisch-islamische Welt nicht nur den Anschluss an die Gegenwart verpasst, das ist schon etwas her, sondern in dieser Form auch keine Zukunft haben wird.

Viele Erzieher lassen sich von den Kindern die Wäsche waschen, gar die Füße, manche müssen sich auch für sexuelle Handlungen bereithalten, und wenn es zur Erbauung des Älteren führt, dann verdienen sich die Kleinen auch schon einmal eine Belohnung. Eine kleine Belohnung zu einem „Weihnachtsfest“, das dem unseren natürlich nicht ähnlich ist, einem Fest, das von einem Opfer spricht, ein Fest, in dem verklärt wird, dass ein Mann sein Kind schlachten wollte, um sein Vertrauen in einen Gott zu beweisen, so wie auch hier so viele Eltern ihre Kinder geopfert haben, auch im Vertrauen darauf, dass Allah vergibt, dass Allah versteht, dass Allah sogar eben diesen Weg gewiesen hat.

Anschließend versammeln sich die Erzieher und Angestellten zum Opferfest, erst gemeinsam, dann jeder mit seiner Familie daheim, und alle gemeinsam danken ihrem Gott für die Gaben, für die Früchte, für die vielen Geschenke mit denen „er“ sie gesegnet hat. Gott ist groß.

Chalid und Issam

Issam wohnt in Casablanca. Er ist ein lebensfroher, einfacher junger Mann, 23 Jahre alt, befindet sich in der Ausbildung und jobbt nebenbei als Verkäufer für eine Immobilien-Firma. Issam hat schlanke Hände mit langen Fingern, ein offenes, hübsches Gesicht, recht volle, sinnliche Lippen, lebendige braune Augen und ist eigentlich für einen Marokkaner viel zu hoch gewachsen.

Issam chattet in seiner Freizeit. Das ist seine große Leidenschaft. Das tun viele andere seiner Generation auch, weil es eben die einzige Möglichkeit ist, günstig und weit zu reisen, mit Menschen in Kontakt zu kommen, mit anderen Kulturen und Vorstellungen von Leben, manchmal auch mit Träumen. Einmal will Issam nach Großbritannien auswandern oder aber nach Kanada. Hier will er arbeiten und mit dem verdienten Geld seiner Familie in Marokko helfen, dieser Familie, die so viel für ihn getan hat. Manchmal denkt Issam an Chalid zurück.

Issam mag Menschen nicht, die nervös sind. Nervös sind alle die Menschen, die nicht immer fröhlich sind, die das Leben zu kompliziert gestalten, die zu viele Fragen stellen oder aber die Grundregeln des hiesigen Alltags in Frage stellen. Keine Kritik, keine Diskussionen, keine Widerworte. Issam möchte fröhliche Menschen um sich. Er ist auch fast immer fröhlich. Ernsthaftigkeit kommt nur dann auf, wenn er manchmal an Chalid denkt.

Wenn seine Mutter ihn anschaut, dann denkt auch sie an Chalid, dann kommen ihr die Tränen in die Augen, und sie wünscht sich, dass Chalid Issam ist und Issam schon immer Chalid war.

Ich weiß, dass meine Mutter mich nicht versteht, aber ich liebe sie und ich liebe meine Familie. Als ich ein Baby war, starben meine Eltern. Ich weiß nicht, woran. Mir war aber klar, dass es sie niemals mehr geben würde. Sie waren ganz sicher tot. Mutter und Vater verloren zur gleichen Zeit ihr Kind, und sie weinten sehr, und im Krankenhaus gab der Arzt ihnen einfach ein anderes Kind, gab ihnen Issam, und Issam bin ich. Nun erzähl Du mir aus Deinem Leben.

Hamza

Er sei sechs Jahre alt, erzählt Hamza, dabei streckt er erst drei, dann vier Finger in die Luft und wiederholt die Zahl sechs. Die Frage, ob es vielleicht erst vier Jahre sind, kommentiert der Junge nickend. Hamza lebt mit seiner Familie in einem Viertel für sozial schwächere Bewohner der Stadt, wobei es fragwürdig ist, in einem Land wie Marokko mit einer solchen Kategorie zu arbeiten. Die Gebäude wurden mit wenig Liebe aneinandergereiht, Grund ist sehr teuer in Marrakesch. Die Straßen und Gänge sind ebenso lieblose Sandpisten oder zum Teil asphaltierte Wege, die nach Fertigstellung wieder auseinander fallen. Es ist nur wenig soziales Interesse vorhanden. Müll liegt in den Gassen. Ohnehin lässt jeder alles überall fallen. Da unterscheidet sich dieses Viertel von keinem Ort im Land. Ein kurzer Windzug wirbelt Staub auf und nimmt die Sicht, keine Bäume oder Rosenbeete, wie man es aus der Neustadt kennt oder der Prachtstraße mit dem Namen des Königs, keine schönen Laternen, keine Girlanden mit Sternschnuppen und Monden. Die meisten Häuser der Gegend wirken nicht fertig gestellt. Sie sind nicht verputzt oder gestrichen, manche erscheinen, als hätten die Eigner sich selbst am Bau versucht. Selbst für hiesige Verhältnisse ist die Bauqualität dramatisch. Die reicht aber erst einmal für fünf Jahre oder sechs, für Hamza bisher schon ein ganzes Leben, in gewisser Weise eine, seine Ewigkeit.

Hamza ist ein sehr aufgeweckter Junge. Eigentlich wirkt er fast wie ein zu klein geratener Erwachsener. Die Straße erzieht. Das raue Leben in einem Land, in dem ausschließlich der Stärkere siegt, wird durch den Anschein einer schönen und behüteten Kindheit in einer Großfamilie nicht aufgehoben. Wenn der Junge viel Glück hat, wird er einmal eine Schule besuchen, anschließend vielleicht sogar eine Ausbildung machen oder gar studieren. Realistisch betrachtet jedoch dürfte er bereits in wenigen Jahren mit der Arbeit beginnen oder betteln. Er fragt mich wieder und wieder nach zwei Dirham. Ich reagiere nicht. Der Anfang ist gemacht. Erziehung, Bildung, Zukunft und Menschenwürde sind ein Lotteriespiel. Da sind die Chancen für Hamza schlecht.

Ich frage nach seinem Namen, er antwortet mir, und ich missverstehe ihn absichtlich, und daraus entwickeln wir ein Spiel. Hamza, la, Hamza, nein, nicht so, sondern Hamza. Hamza, Hamza, Hamza, Lahamsa. Wir lachen. Er lacht über mich. Ich über diesen hübschen Jungen mit seinen großen Augen, die aufgerissen den Fremden beschauen und nicht fassen können, dass der seinen Namen nicht kennt oder versteht. Hamza. Lange, schwarze Wimpern, Stupsnase, volle rote Lippen, weiße Zähne und eine braune, samtähnliche Haut, zierliche kleine Hände und Finger, vor mir stehend in seinen Sandaletten, den kurzen Hosen und dem schmutzigen, zerrissenem T-Shirt, mit seinem hübschen, noch rundem Gesicht und einer rot-blau eingefärbten linken Gesichtshälfte, Blau um sein Auge, rot und ins blaue übergehend seine Wange herunter bis zum Kinn und zum Hinterkopf hin über das Ohr hinaus. Blau auch diese Hälfte der kleinen Stirn und auf meine Frage hin sagt Hamza, dass das die Mutter gemacht habe.

Takieddine und sein Sterben

„Zwei, drei, vier, fünf, sechs. Wir sind sechs. Taki ist nur angenommen. Der gehört nicht zur Familie. Den brauchen wir nicht mitzuzählen."

Wenige Monate nachdem Taki die Welt erblickte, verunglückten seine Eltern bei einem Verkehrsunfall. Taki wurde adoptiert, jedoch nicht allein als Kind aufgezogen, er wurde auch als jemand aufgezogen, der die später folgenden Töchter und Söhne der jungen Familie zu betreuen hatte, als wäre er der angenommene häusliche Dienstbote, eine Aufsichtsperson, zuletzt aber auch derjenige, der – Eigentum gleich – im Alter der Eltern eben diese zu versorgen hatte. In der zivilisatorisch sehr rückständigen marokkanischen Gesellschaft ersetzen die Kinder noch immer die elterliche Rente, die Anzahl der Kinder senkt das Risiko des Rentenausfalls in einem Land, in dem die Kindersterblichkeit hoch ist, die Arbeitslosigkeit noch höher, die Armut unvorstellbar, auch die intellektuelle.

Schnell wurde klar, dass nur Taki diesen Aufgaben gerecht werden könne, der von Anfang an eine entsprechende Ausbildung erhielt und zudem ein Leben lang zu Dank für die Aufnahme in die Familie verpflichtet sein würde, nicht einfach aufgegeben, manchmal in ein Waisenhaus gebracht oder gar ins Ausland verkauft. Während Taki seiner Schule nachkam, studierte und im Haushalt half, auf die Geschwister achtete und zudem sein Schulgeld und seinen Unterhalt durch Jobs finanzierte, wurde den Geschwistern kein Wunsch verwehrt, wurden ihnen keine Grenzen gesetzt, wurden sie nicht, ihm gleich, kontrolliert, wurde ihnen nicht jede Möglichkeit genommen, sich einen Freiraum zu schaffen, geschweige denn ein eigenes Zimmer, wurden sie an keine Verpflichtung herangeführt, war er schließlich immer da, einem Schatten gleich, der alle Lücken zwischen den Eltern und deren leiblichen Kinder zu schließen verantwortlich war.

Einmal ging es der Familie wieder wirtschaftlich schlecht. Der Vater verlor seinen Arbeitsplatz. Die Mutter sah sich nicht in der Lage, einer beruflichen Tätigkeit nachzugehen, hatte zudem auch keine wirkliche Schul-, geschweige denn eine Berufsausbildung, und es war natürlich klar, dass Taki seine Studien an einer der teuren privaten Schulen abbrechen müsse, die staatlichen verlangen weniger Schulgeld, haben dafür allerdings auch kein Bildungsangebot, das nötig wäre, um in der heutigen Welt überhaupt mit Anstand sein Dasein zu fristen. Es war ungesagt klar, dass er die Schule abbrechen müsse, um auch das damit eingesparte Schulgeld der Familie zur Verfügung zu stellen, um die Geschwister zu kleiden, um ihnen kleine Geschenke zu machen oder gar selbst den Schulbesuch in einer privaten Schule zu ermöglichen. Daneben sollten die Kinder auch reisen, zu Familienangehörigen in andere Städte. In Marokko reist man, wenn überhaupt, eigentlich nur im Land selbst und zieht von Stadt zu Stadt, um Verwandte zu besuchen, mit denen der alles beherrschende Familientratsch ausgetauscht wird, die Folge der staatlichen und familiären Observation eines Jeden. Ein wenig erinnert diese Wanderschaft an die frühen Balladen-Sänger, die Neuigkeiten ins Land trugen, sprachen oder sangen, waren sie richtig oder falsch. So wuchsen die Kinder mit Hilfe Takis ohne Sorgen und Probleme auf, ohne jegliches Gefühl für Verantwortung oder gar Dankbarkeit, natürlich ohne jegliches Gefühl für soziales Verhalten, ähnlich aller Kinder in dieser so religiösen islamischen Welt, in der man sich selbst immer der nächste ist, in der der Ältere die Verantwortung trägt, dann der Vater, der König und zuletzt eben Allah. Erst später wurde es ihm erlaubt, erneut den schulischen Anschluss zu finden und an seine eigene Ausbildung zu denken. Wieder einmal zu spät.

Als der Onkel, der nicht wirklich sein Onkel ist, bei der Zählung so deutlich aussprach, was alle doch seit vielen Jahren wissen und fühlen, wurde Takieddine einmal mehr klar, dass es für ihn keine Familie gab, keinen großen Bruder, keine Geschwister, keine Mutter oder einen Vater, zuletzt natürlich auch keinen Gott, dessen Rolle in der Gesellschaft durch den König besetzt wurde, in der Familie durch den Vater oder den großen Bruder. Ihm wurde wieder einmal klar, dass seine Existenz nicht von Liebe, Wärme und Geborgenheit getragen wurde, sondern von traditionellen Notwendigkeiten, von Leistung und Gegenleistung, von Dürfen und Müssen. Er würde ein Leben lang danksagen, sich vorenthalten, sich freiwillig aussparen oder ausgegrenzt werden, danken für die Aufnahme und Rettung vor dem Schicksal eines Waisen, nach dem Tod der Eltern, eine Last, die er niemals würde abtragen können und damit verbunden auch in dieser Familie wieder den Tod der Eltern sterben, ein weiteres Mal, dieses Mal den Tod der Adoptiveltern.

Taki jedoch sucht Zugehörigkeit, sucht die Verantwortung durch einen anderen und Versorgung, und er sucht sein Leben und seine Chance in eben diesem Leben, seine Zukunft. Taki sucht alles das zu bekommen, für das man keine Leistung erbringt, für das man nur erkannt werden muss als ein Mensch mit Bedürfnissen und der Hoffnung auf Aufmerksamkeit, und Taki nennt das Liebe. Und so ergreift er die Chance, sich einem älteren italienischen Homosexuellen anzuschließen, der es in seiner Heimat schwer hat, einen Partner zu finden, der mit HIV infiziert ist und damit auf eben das verzichtet, was gerade der junge Marokkaner geben kann, was ihm sonst niemand geben will: Körperlichkeit, Sex und Vergessen. Und beide ergänzen einander, und beide fühlen Liebe, und der eine überwindet sich körperlich und psychisch, und der andere schenkt Beachtung, versorgt und nimmt Anteil. Und warum sollte Taki sich ängstigen? Würden wir nicht alle einmal sterben, und spielt der Zeitpunkt eine Rolle, und bleibt als Unterschied nicht eigentlich nur der Umstand des Todes? Und zudem ist Taki im Sterben geübt, starb er sein gesamtes Leben, jeden Tag den selbigen, jede Nacht in entsetzlicher Einsamkeit, ohne Tränen, aber dafür niemals mit einem Lächeln lebend.

Dennoch bleibt Takieddine traurig, mehr noch scheinen seine dunklen, tief liegenden Augen alles das, was ihnen gegenüber, was sie erblicken in sich hineinzuziehen, zu verschlingen, jegliche Beweglichkeit und Freude zu rauben, das Farbenspiel seiner Umwelt in die Tiefen seines Dramas einzusaugen und es sich in dieser endlosen Trostlosigkeit und Dunkelheit zu verlieren. Obwohl es sich für ihn eigentlich gut ergeben hatte. Viele Menschen suchen dieses Glück, sein Glück in Marokko, einen Ausländer, manchmal eben auch eine Frau, um ausreisen zu können, ein freies, selbstbestimmtes und zudem sorgenfreies Leben zu leben oder einem reichen Mann aus dem Mittleren Osten zu begegnen, wo zierliche, sinnliche, hübsche Jungs als Teil des Harems gehalten werden, um sich sexuell an ihnen zu vergehen, bis sie später einmal als Arbeits- oder Sexsklaven – nur Allah weiß das – an die Nomadenstämme in der Wüste verkauft oder verschenkt werden. Taki war dafür mit seinen 20 Jahren bereits viel zu alt, er war nicht klein und zierlich, nicht sehr sinnlich, eher hart, kantig, verbittert und zudem bald zwei Meter groß. Und dennoch fand er nun sein Glück.

Takis Liebhaber trug die Kosten für seinen Umzug, zahlt für seine Umschulung, bezahlt gar die Kosten für die vollständige Reparatur und den Ersatz seiner Zähne. Marokkaner leiden frühzeitig an deren Ausfall, und der junge Mann könnte nun wieder ein strahlend schönes Lachen verschenken, wenn da nicht diese tiefe Traurigkeit herrschen würde, noch immer nicht das zu bekommen, was er schon ein Leben lang so sehr vermisst, selbst nicht beim Sex mit seinem Mann, der hart genommen werden will, unvorstellbar hart, den Taki nimmt, als würde er ihn töten wollen und der nur dann noch stöhnt und dem jungen Liebhaber zuruft, dass er ihn brauche, ja liebe, er es göttlich täte und ohne ihn nicht mehr sein könne. Worte, die Taki so lange schon vermisste, Göttlichkeit und Macht, gebraucht werden, herrschen und besitzen, Worte die nun aber einen anderen Klang bekommen. Töten, um Leben zu geben. Hassen für Zuneigung und Anerkennung. Leistung gegen Leistung. Ganz wie in der Heimat, nur ein weiterer Schritt in Takis Leben auf dem so unbarmherzigen Weg seiner Form des Sterbens.

Der sagenhafte Panorama-Blick über die Altstadt von Marrakesch, dem nur noch vom herrschaftlichen Atlas-Gebirge Einhalt geboten werden kann, gleitet über die Dächer einer Jahrhunderte alten Medina, hin zur Koutoubia, angelockt von Palmenzweigen, die sich sacht im Wind wiegen in den Gärten des Bahia-Palastes, tief hinunter in die an das Riad angrenzenden Gassen, verliert sich in der Menschenmenge, in zahllosen Auslagen der kleinen Geschäfte, lässt sich gefangen nehmen von der Vielfalt des Dargebotenen und träumt bei einem Glas Minz-Tee von einem eigenen Stück orientalischer Wirklichkeit. Augen geschlossen, der Schein der Sonne gegen das königliche Blau des Himmels kämpfend, empfindet man sich behütet, in einen Dämmerzustand versetzt durch den Ruf des Muezzin, der die Muslime zum Gebet auffordert, durch den rhythmischen Klang der Trommeln auf dem Djemaa el Fna, der mit dem Wind wie auf einem fliegenden Teppich in die Stadt getragen wird, hin zu den Häusern, hinauf an den Mauern, auf die Terrassen, wo er einen umwirbt und zuletzt auffordert, ein Teil eben dieser Geschehnisse einer anderen Zeit zu werden.

Im Ramadan

Auch heute noch, mitten im Oktober, ist es sehr warm – 36 Grad im Schatten und kaum Schatten vorhanden. Für die Einheimischen ist es angenehm. Es weht ein leichter Wind, der die Palmenfächer in Bewegung hält und den hauchdünnen Wüstensand aus der nahen Sahara mit sich führt, der die Stadt bedeckt, die Autos, nach und nach alles, was nicht seine Farbe trägt. Ramadan. Keiner isst, keiner trinkt, raucht zwischen Sonnenaufgang und –untergang. Ein komisches Gefühl im Café, nur Ausländer, bis die Sirenen heulen, jeden Tag etwas früher. Dann ist die Fastenzeit um, alles geht nach Hause, die Straßen leergefegt, kein Marokkaner mehr unterwegs bis nach dem Essen.

Der große Platz ist immer voll. Schlangenbeschwörer unter Schirmen auf dem Boden, Gaukler, die tanzen und musizieren, Saft-Buden in Orange, Wahrsagerinnen in düsteren Gewändern, Geschichten-Erzähler in zerfetzten, schmutzigen Kleidern, umringt von offenen Mündern und staunenden Augen. Weltkulturerbe. Djemaa el Fna. Eigentlich nur für die Touristen. Die Schlangen sind noch lahmer als ihre fastenden Herren.

Zwei Japaner mit Mundschutz. Wirken, als hätten sie ihre Zeitmaschine falsch eingestellt und sind damit versehentlich im Mittelalter gelandet. Alles ganz anders als in Tokio. Allah, Allah, Allah. Ein Bettler mit einer Schale in der Hand, blind. Der geht hier jeden Tag entlang. Hier sind die Chancen am größten, eine Spende zu erhalten. Hier sind die Ausländer. Marokkaner spenden nicht gern. Er ertastet, was man ihm gibt. Er weiß, dass Allah mich für die Spende belohnen wird, wie jeden Tag wird er mich nicht-Muslimen auch heute für meine Gabe belohnen, wenngleich ich es wäre, der zu töten ist.

Der Cafe Crème schmeckt nicht schlecht, vermittelt ein bisschen den Geschmack Europas.

Die Zeit scheint nicht zu vergehen. Alles ist in Bewegung, nur sie scheint stehen zu bleiben, mich zu belagern, mich, meine Rastlosigkeit. Sie entführt meine Gedanken, hin zu den Buden und Geschäften, wo sie sich zwischen den asiatischen Billig-Produkten oder einfachen Souvenirs verliert. Sie lässt meine Augen an den Passanten haften und sie mit ihnen ziehen. Sie weckt Assoziationen und verwirft. Entspanne ich oder bin ich einfach nur erschöpft? Ist das alles ein interessanter Traum oder bittere Wirklichkeit? Der Muezzin ruft zum Gebet, gleich folgen die Sirenen. Die Fastenzeit neigt sich dem Ende. Die Stadt räumt sich. L'addition, s'il vous plaît.

Ramadan Mubarak

Der Ramadan ist der neunte Monat im islamischen Kalender. Er gilt als besonders heilig und zudem als eine der Säulen des Islam. In diesem 30 Tagen wird nicht nur einfach gefastet, so will es der Koran und damit der Prophet Mohammed, sondern diese Tage sind auch mit der besonderen Hingabe zu dem Gott Allah und mit Disziplin und Gewissenhaftigkeit im Glauben verbunden. Je nach Sonnenaufgang und –untergang beginnt die Fastenzeit oder endet, demnach täglich um einige Minuten verschoben, zudem von Land zu Land je nach Lage unterschiedlich. Nach Ende der Fastenzeit in den frühen Abendstunden wird ein gemeinsames ausgiebiges „Frühstück" eingenommen, spät in der Nacht ein warmes und opulentes Mahl. Während der Fastenzeit jedoch wird nicht getrunken, nicht gegessen, nicht geraucht und schon gar kein Sex gemacht. Die wenigen Ausnahmen schreibt der Koran vor. So ist es uns mehr oder weniger bekannt, so ist die Theorie, doch die Wirklichkeit sieht von Land zu Land der so genannten islamischen Welt anders aus.

Mehrheitlich verbreitet sich der Islam vom Hörensagen, denn in den Ländern, in denen er verbreitet ist, herrscht zumeist Armut, vielleicht noch eine Schulpflicht, aber sicher kein Zwang, kein wirklich funktionierendes Bildungs- oder Sozialsystem. Allein in Marokko sind über 50 Prozent der Menschen Analphabeten. Da hilft die 3jährige Schulpflicht auch nicht, denn die meisten Familien auf dem Land brauchen die Kinder zum Arbeiten. Bildung ist da eher unnütz, und was man wissen muss, ob nun über die Religion oder das Leben, bekommt man von den Alten und dem Hörensagen. Erschwerend kommt noch hinzu, dass der marokkanische Dialekt des Arabischen mit etwa 40 Prozent Sprachanteilen der Berber oder der Tuareg verwoben ist. Einem Jordanier fällt es schon sehr schwer, in Marrakesch im Souk Verhandlungen auf Arabisch zu führen. Man trifft nur wenige Marokkaner, die überhaupt Bücher besitzen, wenn überhaupt einen Koran, und die tatsächlich einmal darin gelesen haben. Man trifft kaum einen, der den Koran durchgehend kennt.

Befragt, warum im Ramadan gefastet wird, bekommt man zumeist als Antwort, dass das Allah so wolle. Woher weißt Du das? Das hat er im Koran geschrieben. Hast Du den Koran gelesen? Nein, aber das Fasten ist auch unsere Tradition. Was soll das Fasten bewirken? Man tut es für Allah. Warum aber verlangt Dein Gott, dass Du einen Monat während des Tages nicht isst, nichts trinkst, nicht rauchst, keinen Sex machst? Das ist gesund für den Körper und die Seele. Außerdem ist das auch vorgeschrieben, und der Prophet lehrt es so.

Die Wirklichkeit sieht dann so aus, dass die meisten Jugendlichen, ohnehin schon an den fünf vorgeschriebenen Gebeten je Tag nicht teilnehmend, ebenso eine der Säulen des Islam, schon das frühe Aufstehen wäre kaum umsetzbar, nach Möglichkeit so lange schlafen, dass mehr oder weniger ein großer Teil des Tages vergeht, ohne dabei wachen zu müssen. Damit entfällt zwar auch das bewusste sich der Religion und dem Gott Hingeben, doch ist den meisten dieser inhaltliche Aspekt nicht bekannt und zudem auch nicht wirklich bedeutend. Die meisten Menschen halten sich natürlich an die gesetzlich zwangsweise geregelte Fastenzeit, zudem steht man gerade in den Ländern der 3. Welt stetig unter Beaufsichtigung der Familie, der Nachbarn, der Blockwarts oder Sitten-Wächter, je nachdem, unter welchem Regime man sein Dasein fristet, doch kaum ruft der Muezzin das Ende des Tages aus, stürzen sich alle auf das so genannte „Frühstück", später in der Nacht auf das nachträgliche Mittagessen oder Abendbrot, rauchen die doppelte Menge Zigaretten, kiffen, gehen aus und saufen, wenn das Geld reicht.

Sind die Diskotheken normalerweise nur an den drei Wochenendtagen gefüllt, so sind sie es im Ramadan täglich. Die Tage der Enthaltsamkeit müssen so qualvoll sein, dass unendliche Massen von einer Stadt zur nächsten ziehen, um eben der familiären Kontrolle zu entkommen, Diskotheken besuchen, sich die Dienste der ungezählten Prostituierten der Sexhauptstadt der arabischen Welt einkaufen – Jungs, Männer oder Frauen – für Geld wird alles gegeben, ein jugendlicher Körper sowieso, der ist Kapital in vielen arabischen Ländern.

Es ist ein Irrtum anzunehmen, dass es in Marrakesch die Touristen sind, die die Diskotheken und Bars bevölkern. So viele Touristen besuchen Marrakesch oder Marokko nicht, die Zahlen stagnieren, sinken sogar. Zudem verlassen viele Ausländer die Stadt während des Fastenmonats, weil es nicht ungefährlich ist, zu bleiben. Mit dem Fortschreiten des Tages werden die ohnehin schon unvorstellbar rücksichtslosen Fahrgewohnheiten - geschult wurde kaum einer - der Führerschein wird gekauft, werden diese Fahrgewohnheiten zu tätlichen Angriffen auf immer den schwächeren Verkehrsteilnehmer. Ungezählte Unfälle sind die Folge, Verletzungen, Todesfälle. Dabei sind viele Verkehrsteilnehmer, sollten es keine Ausländer sein, nicht versichert. Das erledigt man gegenüber der kontrollierenden Polizei auch mit Geld, kleinem Geld. Bei der Polizei macht es zuletzt jedoch die Masse.

Es ist die aufkommende Mittelschicht, die sich in diesem sehr, sehr armen Land einen Harem Jungs hält, eine sehr orientalische Sitte, einlädt, gebraucht, einzeln oder in Gruppe, im Ramadan noch viel mehr als in den 11 Monaten davor oder danach, falsch verstandene Fastenzeit oder ein Ausdruck des Protestes gegen die herrschende Totalüberwachung. Alles Verbotene wird erst recht ausgelebt, den Geboten wollen und können immer weniger folgen.

Tausende weiblicher Prostituierter sitzen in den arabischen Hotels in deren Bars und warten darauf, dass die drum herum sitzenden möglichen Freier so betrunken sind, dass ihnen selbst Allah in Vergessenheit gerät und sie nichts mehr halten kann, nicht die Religion, nicht das Wort des Propheten, nicht die Moral, die Ehefrau, die Kinder oder womöglich der Rausschmiss aus dem Paradies, zumindest die Hoffnung auf ein dortiges Weiterleben. Sie werden sich anschließend alles nehmen, was sie entbehren, oftmals auch sehr gewalttätig ihre Aggressionen an den Frauen auslassen.

Die Stadt wirkt spät in der Nacht noch bevölkert, nachdem Sie zu Beginn des Abends und dem Ende der Fastenzeit geradezu ausgestorben war. Massen drängen sich auf den Straßen, jeder versucht, irgendwen anzusprechen, ein Blick, eine Berührung, eine Vereinbarung, am liebsten mit Ausländern, dabei spielt das Geschlecht keine Rolle, entscheidend ist, dass man sich nicht nur sexuell an jemandem befriedigen kann, sondern bei der Gelegenheit auch noch kostengünstig an Alkohol kommt, an Bier, Whisky, Wodka und zudem in die Diskotheken kann, die in Marrakesch nicht nur einen hohen Eintritt verlangen, sondern in denen die Getränke mit den Preisen in London, New York oder Paris allemal mithalten können. So ein Abend verschlingt pro Person schnell 100 Euro, ein halbes Monatsgehalt eines Mannes, der mit der doppelten Menge eine fünf- oder sechsköpfige Familie ernährten und unterbringen muss. So verstärken sich noch die sexuellen Übergriffe auf Touristen im Ramadan. Schon außerhalb der Fastenzeit hagelt es regelmäßig Beschwerden bei den Reiseveranstaltern, weil es in manchen Städten Marokkos, so Agadir, kaum möglich ist, unbehelligt über die Straße zu gehen.

Ramadan in Marokko heißt hungern, dursten, Nervosität, Konzentrationsstörungen, nicht funktionierende Arbeitsabläufe, sinkende Produktivität bis hin zum Stillstand, Aggressionen, Gewalt ohne Limit und anschließend Exzesse. Die Speisen werden nicht genossen, sondern mit bloßen Händen gegriffen und hinunter gewürgt. Der Alkohol lässt alles vergessen, die Hitze und die Pein des Tages, laute Musik in den Bars und Diskotheken, Sex-Orgien, Gruppensex, Sex mit Minderjährigen, mit Frauen, mit professionellen und Hobby-Nutten, mit Jungs, die von einer Zukunft träumen und einem Leben in Freiheit, hier namentlich von Reichtum, mit Mädchen, die eine Familie ernähren müssen und das einzige verkaufen, was Allah ihnen mitgegeben hat – ihren Körper. Die männlichen und weiblichen Huren der arabischen Welt haben immer Konjunktur. Im Ramadan aber machen die ungezählten Huren im Großraum Marrakesch faktisch das Weihnachtsgeschäft. Und wer sich das alles nicht leisten kann, keinen der wenigen Touristen bekommt oder nicht jung und hübsch genug für einen „Harem“ eines vermögenden Arabers aus dem Mittlerem Osten ist, der hat das Internet und verdingt sich in den zahlreichen Chat-Räumen weltweit mit Cam-Sex, auch in europäischen Sphären zwischenzeitlich ein Ersatz für zwischenmenschliche Realität und zudem günstig, lässt man sich nicht dazu verlocken, Geld zu überweisen.

Das ist nicht anders in Fes, da eher privater, die Stadt ist sehr in sich verschlossen, in Casablanca oder in Agadir, wo es eben nicht die ausländischen Touristen sind, die die Sitten verderben und den rechtschaffenen Gläubigen von der Hingabe zu Allah im heiligen Monat Ramadan abhalten oder ablenken.

In Tunesien hat man die Staatsreligion schon soweit „privatisiert", dass die dortigen Menschen selbst entscheiden können, was sie glauben, an wen und wie sie damit umgehen wollen. Zudem war es vor der Revolution so. Exzesse bleiben aus. So soll es nach dem Wunsch des marokkanischen Königs hier auch einmal sein. In Saudi-Arabien existieren keine Diskotheken, dort sind es Privatgemächer, in den Emiraten, in Katar oder Syrien. Dafür ist die sexuelle Belästigung in Ägypten der in Marokko ähnlich, Kairo oder Luxor die Ausflugsziele der streng gläubigen Saudis, wenn sie einmal ganz und gar im Schatten der Religion den Geschmack der Hölle kosten wollen, um danach gleich zurück zu finden zum richtigen Weg. Es gibt eben viele Wege zu Gott. Ramadan Mubarak. Eine gesegnete Fastenzeit.

Das Zirpen der Grillen, die sich in den zahlreichen Pflanzenkübeln auf der Terrasse eingenistet haben, löst mit der Dämmerung das Zwitschern der Vögel ab. Der Mond steht noch vor Sonnenuntergang am Himmel und bereitet die Nacht für den Tanz der Sterne vor, die zahlreich und klar zu sehen manche Bilder malen, nicht allein von traumhaften Welten, sondern auch Bilder aus vergangenen Tagen, aus dem fernen Europa, meiner eigentlichen Heimat, Erinnerungen, die mit dem Sonnenuntergang in orange und rot eintauchen und nach und nach verblassen, mich in den Schlaf begleitend, in einen ruhigen tiefen Schlaf in meinem Haus in Afrika.

Eine marokkanische Oper

Auch Aziz geht zu Huren. Viele junge Männer in Marrakesch verbinden ihre stetigen und seit Jahren unterdrückten sexuellen Bedürfnisse gleich auch mit der Möglichkeit, Geld zu verdienen und dienen sich den zahlreichen schwulen Touristen in der Stadt an, wenn nicht ausreichend europäische Frauen zur Verfügung stehen. Zudem zahlen die Männer besser. Die Frauen glauben zu sehr den betörenden, aber nicht ehrlich gemeinten Worten der jungen Liebhaber. Marrakesch ist die Hauptstadt der Huren und Homosexuellen in der gesamten arabischen Welt. Neben den Franzosen, einigen Deutschen, den Spaniern und manchmal auch Engländern und Amerikanern kommen sehr viele streng gläubige Muslime aus den arabischen Ländern hierher, um dem Teufel in der Frau oder dem hübschen Knaben zu begegnen, ihre Sexualität auszuleben oder aber sich einfach nur zu befriedigen, mit zum Teil grauenhaften Folgen für die Opfer. Mit Rauschgift und Alkohol ist die Religion schnell vergessen, und das wahre Ich der vielfach verheirateten Männer bricht ganz unbarmherzig aus ihnen heraus und tötet.

Allein in Marrkaesch sind über dreitausend HIV-infizierte Menschen registriert, mehr als in jeder anderen Stadt der arabischen Welt, und wieder zeigt sich Marrakesch als die Hauptstadt des Schlechten und Bösen, die ebenso viel Anziehungskraft hat, wie sie Ablehnung erzeugt, wenngleich die Zahlen in Ägypten viel dramatischere Züge haben. Die El Khaida ruft seit Jahren zur Zerstörung der Stadt auf, gerade erst wurden über dreißig junge Männer festgenommen, die sich für diese Aufgabe ausbilden haben lassen, für ein Märtyrer-Dasein und damit verbunden eine Rente für die Familie, wenn man auch sonst schon nicht für die Eltern und Geschwister sorgen kann. Und natürlich war Marrakesch auch Ziel eines tödlichen Attentates, so wie man es auch aus Casablanca kennt.

Mit alledem hatte Aziz nichts zu tun. Er ist ein einfacher, rechtschaffener, junger Mann, der natürlich gläubig und gottesfürchtig und dem ebenso bekannt ist, dass Gott viele Wege kennt, um einem guten Muslim das Leben zu erleichtern, so Aziz. Einer dieser Wege führte direkt zu einer Straßenhure, die er regelmäßig von hinten nahm, hart, als führe er einen Kampf gegen sie, brutal, erniedrigend, schmerzvoll, und mit wenigen Stößen streckte er sie nieder, nahm er dem Schlechten die Kraft, besiegte sie, die Versuchung und tat damit auch Gutes, einer Züchtigung und Erziehung gleich, als würde er alle Frauen dieser Welt erziehen, so wie viele gute Marokkaner dies mit den eigentlich schlechten Frauen oder den noch schlechteren Schwulen tun. Eine dieser Huren setzte sich jedoch zur Wehr, nicht wirklich, aber indirekt, sie hatte Aids, und als Aziz mit harten Stößen tief in sie eindrang, sie schrie und innerlich blutete, da auch wurde Aziz angesteckt und war nun einer von ihnen, von diesen Huren und diesen Schwulen und den Ungläubigen, die die Versuchung in sich tragen und die den Guten das Gute nehmen und alles Schlechte und Verbotene in der Stadt verbreiten und sich gegen die Traditionen wenden und gegen die Regeln des Islam und die Aziz mit seinen Stößen in die Schranken wies und die nun Aziz in ihrer Mitte aufgenommen hatten, ihn zu verschlingen drohten.

An vielen Tagen in diesem Ramadan, wie die meisten Marokkaner aß und trank Aziz nicht, rauchte keine Zigarette und lebte enthaltsam, zog er mit seinem Motorrad durch die Straßen Marrakeschs und pfiff den Mädchen und Frauen hinterher, eine Unsitte, auf die nur die verkommenen Weiber reagieren, nur die Huren und die billigen Mädchen, die nicht mit den Traditionen sind, die diese nicht respektieren, daran zu erkennen, dass sie kein Kopftuch tragen und zudem den Pfeifenden nachschauen, sich umdrehen, sich ihnen zuwenden, nun sich also Aziz zuwendeten, der das große mitgebrachte Schlachtermesser aus seiner Jacke nahm und es ihnen durch die Gesichter zog oder über ihre Hinterteile. Das Fleisch klaffte auseinander. Blut schoss aus den Wunden. Die so Gemarterten rissen die Augen und Münder vor Entsetzen auf, brachten aber zuerst keinen Ton heraus, bis sie realisierten und in Tränen und Schreien ausbrachen. Aziz rief Allahu akbar. Das Aufheulen des Motors kam der Hintergrund-Musik eines Orchesters in einer Oper gleich, die in der Zeit des Ramadans ebenso nicht erlaubt ist und doch von Aziz und den jungen Mädchen in diesen Tagen zweihundertfünfzig Mal gespielt wurde, bevor die Polizei ihn endlich verhaften konnte und die Erleichterung der Frauen durch Marrakesch zog, erst ganz leise und dann immer rhythmischer und lauter einem Applaus gleich.

Zugabe im Ramadan

In den Nachrichten wurde sein Name nicht genannt, nicht in den Zeitungen oder gar auf der Straße, wo alle doch immer alle kannten und für jeden einen Namen hatten, immer einen anderen, zumeist war es aber immer auch der richtige, einer jener Namen aus tausend und einer Nacht. Seiner wurde jedoch verschwiegen, und obwohl er nun ein berühmter Künstler wurde, blieb er einer unter so vielen anderen, deren Namen niemand nennt und von denen so viele in den Straßen von Marrakesch zu sehen sind, wenn auch unsichtbar für die Augen der Menschen, unsichtbar für die Einheimischen, deren Blicke nicht so geübt sind, wie die der Touristen, die dann und wann hie und da den Straßenkünstlern einige Dirham zuwerfen und ein leises Allah wird es Dir danken hören.

Diesen nun berühmt gewordenen Unbekannten nannte sie den Irren, ein junger Mann, der niemals in die Schule ging, kein Zuhause hatte, keine Vergangenheit, ganz ohne Zukunft und doch so sehr begabt, dass er die Oper des letzten Jahres erneut inszenierte und wieder und wieder den Zuschauern jene Zugabe gewährte, von der er glaubte, dass sie gewollt war, hatte die Vorstellung im letzten Ramadan doch so viele Zuhörer und Zuschauer angezogen.

Er nahm sich ein Schlachtermesser, einem Dirigentenstab gleich, und zog durch die Stadt und leitete mit einem Pfeifen die jungen Mädchen und Frauen an, nach ihm zu sehen und stach zu und setzte die Noten mit einem Stich und gab den Takt und zog die scharfe Klinge über ihre Gesichter und Körper, und jeder einzelne Schrei wurde zu einer Arie in einer Oper, in einer Stadt mit einem Theater, das eigentlich niemals wirklich bespielt wurde, zu einer Oper in einer Kultur, die auf der Straße stattfindet, zwischen den alten Gemäuern und Palmen, zwischen den vielen Autos und Motorrädern, Kutschen, Pferden, Eseln und umher schleichenden Katzen, und alle 200 zusammen waren einem Mädchenchor gleich, der die Lieder sang, die vom Überleben erzählen, dem täglichen Kampf, um etwas zu erhalten, was so viel weniger wert ist als das danach kommende Paradies und dennoch täglich neu zu leben, hier sogar zu erleben war, eine Zugabe zu eben jener marokkanischen Oper, die wir im letzten Ramadan schon einmal hörten.

Mehdi und der Koran

Man kommt durchgehend nicht drum herum, in einer arabisch-islamischen Gesellschaft über eben diese staatlich verordnete Religion zu sprechen, weil einem die Umstände fortlaufend aufgenötigt werden oder man selbst genötigt wird, positiv zu bestätigen, an eben diesen Gott zu glauben.

Heute hatte ich ein Gespräch mit einem 21jährigen Mann, der zum ersten Mal in seinem Leben überhaupt aus der drittgrößten Stadt Marokkos herausgekommen war und nun auch noch auf mich, eine Art menschlich gewordene teuflische Versuchung, gestoßen ist.

Mehdi achtet streng darauf, dass er die Regeln des Ramadans einhält. Diese Regeln sind die, die ihm seine Oma, bei der er lebt, vermittelt hat. Den Koran hat er nie gelesen. Das bisschen, was ihm über den Islam überhaupt bekannt ist, wurde im schulischen Zwangsunterricht gelehrt. Er berichtet, dass er noch nie außerhalb der Schule jemals ein Buch gelesen hat, selbst den Koran nicht und sich auch nicht dafür interessiert. Um seine Zeit herum zu bekommen, chattet er mit Chat-Partnern, surft im Netz, hört Musik oder schaut sich die unvorstellbar einfachen und für arabische Seelen produzierten Liebesfilme der ägyptischen Filmindustrie an.

Eine der Regeln im Ramadan lautet, so Mehdi, dass man von 4 Uhr morgens bis 19 Uhr abends nichts zu sich nimmt. Während dieser Zeit geht es ihm körperlich sehr schlecht. Er hat laufend Kopfschmerzen, schläft über den Tag, so lange es nur geht und macht die Nacht zum Tag. Warum fordert der Prophet den Ramadan? Medhi findet darauf keine Antwort. Es ist eben, wie es ist. So wurde es ihm beigebracht. Fragen stellen gehört nicht zu den Regeln des Islam, schon gar nicht zu den Charaktereigenarten eines Marokkaners. So Gott will eben.

Warum gehören die meisten islamischen Ländern zur 3. Welt, warum sind es arme Länder? Warum haben hier die Menschen eine so unvorstellbar schlechte Schul- und Ausbildung, warum sind keine sozialen Netzwerke vorhanden? Wie kommt es, dass 250 Millionen Araber in 22 Ländern inklusive der Förderung von Öl zusammen nur auf die Wirtschaftskraft von Spanien kommen? Weswegen kommen keine Erfindungen aus islamischen Ländern? Warum keine Neuerungen, die die Evolution voranbringen? Warum keine Entwicklung wie in den Schwellenländern, die noch vor wenigen Jahrzehnten auch zur 3. Welt gezählt wurden? Warum ist das so in einem islamischen Land, in dem die Gedanken und das Handeln der Menschen angeblich vom Glauben an Allah und dessen Regeln getränkt sind? Warum existiert ein unvorstellbar großer Sexhandel mit Kindern, warum existieren Arbeitssklaven in der islamischen Welt? Und warum helfen die Reichen mehrheitlich dem eigenen Volk nicht durch humane Investitionen? Warum ist man sich immer selbst näher, als es einem jeder Glaubensbruder wäre, und warum halten gerade Araber nichts von Arabern, fast immer und fast in allen arabischen Staaten?

Mehdi weiß nicht, warum. Will Gott vielleicht die Gläubigen prüfen? Aber warum prüft er in dieser Form nicht auch die vielen Ungläubigen in den westlichen Demokratien?

Will Dein Allah, dass die Frauen eine so untergeordnete Rolle spielen? Will er, dass Du Deine Mutter, Deine Schwester oder Deine Oma den ganzen Tag dazu anhältst, Dich zu bedienen, Dir hinterher zu räumen, Dich zu versorgen? Will Dein Gott, dass die Frau verschleiert, in manchen islamischen Ländern faktisch untertage gehalten wird, selbst ein Esel ein besseres Dasein fristet? Will Dein Gott das?

Und wieder lautet Mehdis Antwort, dass er es nicht weiß, nicht darüber nachdenkt, es zum Nachdenken darüber keinen Grund gäbe. Es ist eben so, wie es ist, so Gott will. Und woher weiß Du nur, dass Gott es so will? „Ich weiß nicht woher."

Will denn Allah auch, dass sich Muslime in islamischen Ländern gegenseitig töten, wie es tausendfach geschieht, millionenfach seit Jahren im Iran-Irak-Krieg, während des Einmarsches des Irak in Kuwait, zwischen den palästinensischen Gruppierungen, durch radikal-islamischen Terror hunderttausendfach in Irak, in Afghanistan, Pakistan, im Libanon und Algerien? Und natürlich war mir die Antwort ungesagt klar: „Ich weiß nichts davon, dass Muslime gegen Muslime Krieg führen oder sich töten. Davon habe ich nie gehört.“ Und er hat auch nie davon gehört, dass muslimische Männer vergewaltigen, und dass sie Frauen in den Gefängnissen und als Foltermethode und zur eigenen Lustbefriedigung missbrauchen, obwohl das alles auch in den hiesigen Zeitungen steht, die jedoch liest Mehdi nicht. Keine Zeitungen. Keine Magazine. Keine Nachrichten. Keine Sendungen über irgendein Sachthema. „Ich habe kein Interesse an meinem Land.“, sagt er und muss allerdings auch zugeben, dass kein Interesse an anderen Ländern besteht, eigentlich an nichts.

Nach einer gewissen Zeit fragt mich Mehdi, der sich nun schlecht fühlt, wenngleich er auch nicht weiß warum, ob ich denn möchte, dass er aufhört zu beten und nun völlig verunsichert ist, als ich antwortete, vielleicht solltest Du nicht fünfmal am Tag beten, sondern zwanzig Mal. Vielleicht solltest Du keine Zeit mehr haben, die Frauen in Deiner Umgebung derart schlecht zu behandeln, nach Sonnenuntergang Dich dem völlig zügellosen Sex hinzugeben, dem Alkohol, den Zigaretten, dem Lügen und Betrügen und Dich der weiteren Verdummung durch Fernsehen auszusetzen, wenn es denn noch möglich ist.

Mehdi ist ein junger Mann von Millionen, ohne Hoffnung auf ein wirklich menschenwürdiges Leben, ohne Hoffnung, jemals zu erfahren, was Zivilisation heißt, was Menschenrechte sind, was Gleichberechtigung bedeutet, Werte, innere Werte, Bildung, Berufung und Beruf, Leben, Erleben, Philosophie, nicht einmal, was Religion bedeuten kann, was sie für ihn und seine arabischen Schwestern und Brüder bedeutet, was man aus der Religion für sich und die Gesellschaft herausziehen kann, was allerdings diese Religion als Gesetzesvorlage für eine ganze Rasse und von Wächterräten unmissverständlich durchgepeitscht unter Anwendung der militärischen Kraft der Polizei, des Geheimdienstes und des Militärs, was allerdings diese und derart missverstandene, wenn überhaupt verstandene Religion alles zerstören kann, unbarmherzig, Menschen und Leben verachtend, wider jeglicher sozialen und intellektuellen Errungenschaft domestiziert, peinigt, tötet.

Mehdi und ich gehen meine hier zu Papier gebrachten Gedanken durch, während ich auf eine Reaktion warte, sagt er abschließend, dass der Buchstabe „h" in seinem Namen Mehdi noch vor dem „d" steht, nicht dahinter.

Der aus dem Persischen stammende Begriff Saray beschreibt eigentlich den Palast oder die Residenz eines türkischen Herrschers, eines osmanischen Sultans. Die sich darum in Europa rankenden Mythen wurden im 18. Jahrhundert der Inbegriff der exotisch-orientalischen Vorstellungen von der dortigen und fremden Hof-Kultur. Selbst Mozart verschlug es traumhaft in den Saray, aus dem er eine der Schönen in der Oper „Die Entführung aus dem Serail" Wirklichkeit werden ließ. In dem traditionellen arabischen Haushalt einer Herrschaftsfamilie wurde der Serail auch mit dem Harem gleichgesetzt, jener Ort, in dem die Frauen, Konkubinen, Kinder und weiblichen Verwandten der Familie lebten. Der Begriff Harem kommt vom arabischen Wort Haram, das Verbotene, das Geschützte. Hier war das Reich der Frauen und Kinder. Natürlich ist auch der Harem ein wichtiger Bestandteil der Mythen aus der arabisch-islamischen Welt und noch heute fester Bestandteil im Leben der Mehrheit der Bevölkerung, wenngleich auch oft räumlich reduzierter. Noch heute spürt man in den Höfen eine Ahnung dieses vergangenen Lebens und verharrt man still, hört man das Tuscheln der Frauen, das Spielen der Kinder, das Auflachen der jungen Mädchen, aber auch oft die strenge und mahnende Stimme der Lehrer, denen natürlich an der Ausbildung der Kleinen liegt. Und schaut man ganz genau hin, sieht man hinter den Fenstern in der Etage oder hinter den schön gearbeiteten Holzgeländern das neugierige oder auch kindliche Blinzeln der Augen junger Frauen und Mädchen, die in die Höfe hinabschauen, geschützt vor den Blicken der Fremden, selbst aber interessiert und träumend, manchmal eben auch jenen Traum von dem Prinzen, der seine Geliebte mit sich trägt, in weißen wehenden Gewändern zum Schutz gegen die Sonne, den Wind und den Sand, hinaus in ein anderes Land, einer Entführung gleich, einer Entführung eben aus jenem Serail.

Eine arabische Familie

Hassan ist Koch. Er sieht ungewöhnlich gut aus, hat ein markantes Gesicht, schöne, dunkle Augen, volles Haar, sinnliche Lippen, ist 27 Jahre jung, hat Freude an seinem Beruf, wird in Kürze endlich heiraten und ist Palästinenser. 80 Prozent der in Jordanien lebenden Menschen sind Palästinenser. Die Palästinenser werden, so Hassan, in Jordanien als Menschen zweiter Klasse behandelt. Sie haben nicht die gleichen Berufschancen, sie haben nicht die gleichen Rechte, obwohl auf dem Papier, so doch nicht in Wirklichkeit. Die Jordanier helfen einander und sind korrupt. Sie würden niemals einem Palästinenser die gleichen Möglichkeiten gewähren, jemals etwas gegen ihren eigenen Vorteil zu dem eines Palästinensers tun. Hassan sagt weiter, dass er das Leben in Jordanien hasse, die Jordanier hasse. Sie sind faul, ungebildet, wollen sich nicht entwickeln, nicht lernen, studieren keine Berufe, lassen andere für sich arbeiten und das Land wäre nichts, gäbe es die vielen Palästinenser nicht. Einmal werden wir nach Palästina zurückkehren oder aber Jordanien wird zu unserem Palästina.

Analyn stammt von den Phillipien. Sie und ihre Freundin Lailani arbeiten zusammen als Kellnerinnen. Sie arbeiten gern in Amman, wenngleich die hiesige Esskultur aus ihrer Sicht eher primitiver Natur ist, so haben sie doch zumindest Rechte, erhalten ihren Lohn, haben Freizeit und werden von ihren Arbeitgebern nicht sexuell missbraucht, so, wie sie es in Bahrain erleben mussten, viele andere auch. Sie nahmen ihnen die Pässe ab, missbrauchten sie sexuell, schlugen sie und bezahlten oft keinen Lohn, den die beiden jungen Frauen nicht allein zum Leben brauchen, sondern auch, um mit dem Geld die Familien in der fernen Heimat unterstützen zu können.

Ibrahim stammt aus dem Sudan. Nur im Sudan würde man ein wirklich gutes Arabisch sprechen, erzählt Ibrahim. Nur im Sudan wären die Muslime gute Muslime. Die Saudis glauben nur an Geld und Macht. Sie sind ungebildet und bösartig. Sie zahlen für bessere Arbeit nicht den selben Lohn. Sie behandeln die arabischen Brüder wie Sklaven. Sie gewähren keine Rechte. Einmal werden sie dafür gestraft, so Allah will. Zudem handle es sich bei den Saudis um Rassisten. Gerade er als schwarzer Sudanese spüre das täglich, sagt Ibrahim, und ähnlich sieht es Kamal, der aus Ägypten stammend, hart in Saudi Arabien arbeiten muss, um seine Familie daheim zu ernähren, die er nur einmal im Jahr sieht, wenn sein Arbeitsvertrag ausläuft und er des Landes verwiesen würde, bis er eine neue Genehmigung erhalte. Für eben diese Genehmigung müsse er jedoch viel Geld investieren, um alle Mittelsmänner zu bestechen, um die Behörden zu bestechen, um die Ab- und Anreise zu finanzieren. Allein für diese Kosten muss er drei Monate arbeiten, sodass nur noch neun Monate im Jahr bleiben, in denen er Geld ansparen könne. Kamal hasst die Saudis, so wie die Saudis die schmutzigen Ägypter hassen.

Said berichtet mir, dass die Ägypter eine mindere arabische Rasse seien. Sie sind schmutzig und von niederer Herkunft. Sie haben nicht den Segen Allahs und zudem sind viele von ihnen Christen, eine Todsünde. Ägypter stehlen auch und sind unmoralisch. Kairo ist ein Moloch, in dem es keinen Anstand geben würde. Das hat Said selbst einmal gesehen. In Kairo lebt die Versuchung, der ein jeder gute Muslim widerstehen müsse. Er widerstand nicht, doch eine Pilgerfahrt nach Mekka hat ihn anschließend gleich auf den richtigen Weg zum Islam geführt.

Rashid besucht mich in Marokko. Er bestaunt, wie sehr schön die Städte angelegt sind, die Parkanlage, die vielen Rosen in Marrakesch, die Häuser und öffentlichen Plätze. Rashid denkt, dass der König Marokkos ein guter Herrscher ist, weil er auch an sein Volk denke. Die Marokkaner jedoch, so Rashid, hätten das eigentlich nicht verdient. Marokkaner verkaufen ihre Kinder, sie schicken die Mädchen auf den Strich, die Jungs werden im Kindesalter missbraucht und sie verstoßen gegen alle Regeln des Korans. In Marokko gäbe es sogar Alkohol. Rashid stammt aus Libyen, dort würde man die Marokkaner nur für niedere Arbeiten einsetzen, die Frauen gelten als leichte Mädchen, viele von ihnen haben Sex für Geld, sind nicht züchtig gekleidet und sie verführen die ehrbaren Männer mit ihrer Schönheit, mit ihrem Haar. Er, Rashid, würde auch gegen den Koran verstoßen. Er habe mehrfach Sex mit einem gleichaltrigen Mann gehabt auf der kleinen Farm am Rande Tripolis, die seiner Familie gehört, sofort danach aber habe er gebetet, und Allah ist gütig, Allah vergibt den Gläubigen, und seine Verstöße verstehen sich als Prüfung.

Das sieht Sufyan ganz anders. Die Libyer gelten als ein rückständiges und primitives Volk, so er. Man hört nur Schlimmes von denen, die dort arbeiten müssten. Lieber würde man in die Emirate gehen, dort ist alles großartig, schön und sauber, zudem sind die reichen Männer alle sehr großzügig, wenn man ihren Wünschen nachkommt. Die Libyer aber sind arm, und Libyen ist wie Afrika. Da würde keiner freiwillig hinwollen. Vielleicht die Tunesier. Faktisch sind Tunesier alle wie die Frauen. Sie tun alles für Geld. Und sie haben keine andere Chance, außer nach Libyen zu gehen, um dort Arbeit zu finden. Sufyan aber will in Marokko bleiben, obwohl er schon ein Angebot hatte, in Paris zu leben. Einer der Sekretäre eines ehemaligen französischen Staatspräsidenten zählt seit Monaten zu seinen gut zahlenden Kunden und hätte ihn gern um sich. Doch Sufyan wird auch für Paris Marokko nicht verlassen.

Aziz denkt, die schlimmsten Menschen kommen aus Algerien. Algerier sind sehr aggressiv. Keiner mag sie. Keiner will sie um sich haben. Sie prügeln sich sofort oder töten für wenig Geld. Wenngleich die Algerier eine ähnliche Vergangenheit haben wie die Tunesier, so sind sie doch sehr weit zurück. Tunesien ist Europa ähnlich, aber Algerien hat mit Tunesien nichts zu tun. Wir Tunesier, so Aziz, sind doch das offenste und am weitesten entwickelte Land der arabischen Welt, zudem mit einer starken Wirtschaft. Das denken die Marokkaner über das eigene Land auch, die Libyer und die Ägypter ebenso.

Dennoch besucht Aziz gern Marokko. Das tun alle gern. Algerier, Libyer, Saudis, die aus den Emiraten. In Marokko bekommt ein Mann alles, Mädchen, Frauen, Knaben und

Alkohol. Alles ist möglich, wenn man dafür bezahlen kann. Aziz kann. Die Preise in Marokko sind nur für Europäer hoch. Viele gläubige Muslime schließen dem Marokko-Besuch eine Pilgerfahrt nach Mekka an. Allah verzeiht. Allah vergibt dem Gläubigen, und Allah weiß um die Versuchung, die einen guten Mann in Marokko erwartet und der er oft nicht standhalten kann. Doch führen zuletzt alle Wege zu Allah.

Die einzige und wirkliche arabische Kultur, so Mahir, findet sich in Syrien. Syrien ist das älteste Land der Welt, erzählt er, es hat die älteste und schönste Kultur. Hier schuf Allah die Menschen, hier war einmal das Paradies und noch heute sind Aleppo und Damaskus die schönsten Städte, die er jemals gesehen hat. In Syrien, zu dem früher die gesamte arabische Halbinsel gehört hat, da entstand vor vielen tausend Jahren der Islam, da offenbarte sich Allah seiner Schöpfung. Dem mag Sufyan nicht zustimmen. Marokko ist das älteste Land der Welt, zudem die Koutubia in Marrakesch mit dem höchsten Turm der Welt ebenso die älteste Moschee, die jemals gebaut wurde. Sie soll mindestens 200 Jahre alt sein. Und der König von Marokko sei ein Nachfahre des Propheten, und somit war der Prophet eben auch in Marokko. Dem widerspricht Said. Saudi Arabien ist das älteste Land der arabischen Welt. Es ist das Land des Propheten. Dort liegen Mekka und Medina, die heiligsten Städte des Islam.

Einig sind sich alle aber, wenn es um die Ablehnung der Schwarzen geht, den Afrikanern, denn Nordafrika ist nicht Afrika und alle Araber zusammen keine Afrikaner. Wenngleich viele von ihnen Muslime sind, so darf man ihnen nicht trauen und sollte eine Mischehe unbedingt vermeiden. Das sehen die Schwarzafrikaner aus Senegal oder Tschad, Sudan oder Mali auch so, geht es um die Araber im Norden Afrikas.

Nadera spricht kein Englisch. Sie bietet mir heißen, süßen marokkanischen Minztee, sagt einige nette Worte in einem marokkanischen Arabisch, ist erstaunt, erfreut, stellt sich bescheiden, zeigt sich schüchtern und verlegen, lächelt und zieht sich zurück. Ich nehme einen Schluck, schließe meine Augen, spüre die leichte, warme Brise, die durch die Gassen hindurch ein bisschen Atem verschafft, die sich am Ende der Gasse an den Hausmauern hinauf hebt und mich auf der Terrasse erreicht. In dieser Welt, so dämmert es mir, wird es für Fremde niemals ein Zuhause geben. Mein Aufenthalt ist eher als ein Besuch zu verstehen, den ich aus einer anderen Zeit mit einer Zeitmaschine unternommen habe. Ich muss lachen, laut lachen, zuletzt ein bitteres, zynisches Lachen über mich, der ich in einer islamischen Welt mit meiner europäischen Entwicklung eine Heimat gesucht habe.

Europäischer Heiratsmarkt

In dem von mir bewohnten Stadtteil, der sich inmitten der wenigen Sehenswürdigkeiten der Altstadt befindet, sind auch eine Vielzahl kleinerer und mittelgroßer Riads beheimatet, die zu Gästehäusern ausgebaut wurden und vielen hier lebenden Ausländern als Lebensunterhalt dienen. Kennaria liegt in der Nähe des Djamal el Fna, ebenso direkt am Rande der Souks, und es sind nur wenige Schritte bis zum Bahia-Palast. Das Museum Marrakesch oder die bekannte Koranschule Ben-Jusuf, die heute nur noch als Museum dient, sind ebenso schnell zu erreichen. Allein in der von mir bewohnten Gasse befinden sich etwa 12 Gasthäuser, die entweder privat oder offiziell Touristen beherbergen. Meinem Haus gegenüber lebt eine marokkanische Familie. Der Vater verstarb vor vielen Jahren, die Mutter brachte die vier Töchter und den Sohn durch, verheiratete die Mädchen sogar und verdient sich ihr Einkommen mit der Vorbereitung jener Esswaren, die an den Abenden die hungrigen Touristen in den vielen Garküchen auf dem Jamal El Fna feilgeboten werden, nachdem sie vorher vor der Haustür und auf dem dreckigen Asphalt bei brütender Hitze oder Regenwetter auf ihre Abholung durch zwei schmuddelige Dienstboten wartend, zur Freude manch einer Katze, ebenso zur Freude von Vögeln oder den zahlreichen Insekten, ihr Dasein fristen. Doch alles das machen die Flammen der Garküchen vergessen, den Touristen sind die Umstände weniger bekannt, zudem entschuldigt sich alles, was in den Heimatländern zu Proteststürmen und Schadenersatzklagen führen würde, hier mit den so bestaunten Sitten und Gebräuchen des Fremden, die nun für alles herhalten müssen, auf der einen Seite sicherlich gut für die Marokkaner, auf der anderen Seite sehr schlecht für deren Entwicklung, die seit einigen Jahrhunderten der europäischen nachhinkt, soweit nicht von dort aufgenötigt.

Von der Gasse aus gesehen hinter meinem Haus befindet sich einer jene Herbergen, für die Marrakesch so berühmt ist. Es gehörte ehedem einem Marokkaner, der mit den marokkanischen Sitten und Gebräuchen, dem Umgang miteinander und der dramatischen Korruption, die besonders fremde Geschäftsleute trifft, nicht mehr zurechtkam und es an einen Franzosen verkaufte, der zuvor mit seiner kleinen Familie in Südamerika lebte, dort offenbar aber auch seine eigentliche sexuelle Berufung erfuhr und nun geschieden von Frau und Kindern hier in der ehemaligen Französischen Kolonie sich einer ganz großartigen zwischenmenschlichen Anbindung erfreut. Der ursprünglich und eigentlich nicht fremde Geschäftsmann und vorherige marokkanische Besitzer wurde seiner Herkunft, den Sitten und Gebräuchen und auch der Religion fremd, nachdem er erst einmal 30 Jahre in Europa gelebt hatte und nun, bedingt durch dieses geschäftliche Engagement in seiner ehemaligen Heimat, nach und nach die Vorurteile der Franzosen gegen die Marokkaner zu begreifen lernte. Nun sind es auch seine Vorurteile. Er ging schnell und riet mir an, es ihm ebenso schnell nachzutun. Cristophe, der neue Eigentümer, dagegen kann sich ein Leben außerhalb Marokkos gar nicht mehr vorstellen, und tatsächlich bestehen für seine wirtschaftlichen Möglichkeiten und die Kombination aus Alter und Veranlagung kaum irgendwo bessere Aussichten, sein kleines Glück zu finden.

Neben dessen Riad befindet sich auf einem Restgrundstück ein weiteres kleines Hotel, dass Schweizer erst kürzlich gebaut hatten und damit auch der eidgenössisch-architektonischen Vorstellung der Bauweise eines marokkanischen Hauses den Einzug in die als Weltkulturerbe ausgerufene Stadt ermöglichen. Daneben und gleich rechts neben meinem Haus grenzt eine weitere kleine Pension an, die von einer Schottin, die für ihre heimatliche Regierung international tätig ist, zur Manifestation ihren großen Traumes vom Leben in Marrakesch herhält und alles ausblendet, was nicht sein kann und darf und damit eine der Geschichten aus Tausendundeiner Nacht zur Wirklichkeit verhilft. In derselben Gasse vor meinem Riad befindet sich das von Gérard. Es hat eine ähnliche Größe wie das meine, und er erwarb es vor etwa 30 Jahren, um hier alle Möglichkeiten auszuleben, denen man als Musik-Produzent in der Branche anheim fällt, um die nötige Inspiration zu erlangen. Seit Jahren dient die Hausbotin auch gleich als seine Muse, ähnlich wie im Mittleren Osten dienen Frauen eben nicht allein zur Ausübung häuslicher Tätigkeiten, sondern bekommen mit dem bezahlten Job auch immer noch eine weitere Aufgabe hinzu, die sexuelle Befriedigung des Mannes und Haushaltsvorstandes, die freiwillig und pflichtgemäß durchzuführen ist oder eben auch schon mal erzwungen werden kann und muss, sollten die genauen Regeln des Beischlafes, die im Koran festgehalten sind, für den Mann nicht die gewünschte Erfüllung bringen. Zwar ist Gérard verheiratet und hat naturgemäß auch Kinder im Französischen Mutterland, wo er die meiste Zeit des Jahres verbringt, doch erlaubt der Islam, erlauben die Traditionen in Marokko die Vielweiberei, und daran kann sich nicht allein ein Christ gewöhnen, sondern selbst ein Atheist, dem schnell klar wird, dass es viele Wege gibt - zu Gott ebenso wie fort von Gott.

Mir schräg gegenüber, damit auf der Seite und neben dem Haus der marokkanischen Nachbarn, gleichzeitig gegenüber dem Haus von Gérard, das nun auf meiner Gassenseite neben und vor meinem Haus steht, befindet sich ein weiteres kleines Riad-Hotel. Der hier lebende Franzose, dessen finanzielle Möglichkeiten und die nur spärlich gewährten Kredite den Ausbau seines Hauses über viele Jahre hinzogen, vermietet nicht nur, sondern lebt in dem Haus auch selbst, hasst die Marokkaner und liebt die marokkanischen Möglichkeiten. Jedoch würde es ihm angenehmer, böte das marokkanische Personal nicht allein nur alle Dienste, sondern ebenso eine gewisse Verantwortung und Hingabe, die ihm ein Leben leichter werden ließen, die die streng gläubigen Marokkaner aber vor vielen Jahrhunderten bereits an Religion, an die Religionsführer, an immer den älteren Haushaltsvorstand oder einfach an Allah abgetreten haben.

Eines Tages aber begegnete dem in die Jahre gekommenen Jungunternehmer in einer der zahllosen Bars oder Diskotheken eben diese Hingabe, die er sich bei seinen Mitarbeitern so sehr wünschte, in Form einer sehr attraktiven, modisch gekleideten, ja weltoffenen jungen Frau, die er nicht nur die halbe Nacht hindurch verköstigte, sondern auch gleich mit in sein Reich einlud, um sich eben ihrer Hingabe hinzugeben und um die Verantwortung zu übernehmen, die ein Mann in einer solchen Welt für eine Frau, die sich hingibt von Alters her übernimmt. Die junge Aida erschien ihm als das, was ihr Name prophezeite, sie erschien ihm als jene Zurückkehrende, die einst in seinen Träumen nach den ersten Besuchen in Marokko berührbar war und doch verschwand, mit seiner Abreise verschwand und ihm nie mehr aus dem Kopf gehen wollte, bis er sich entschloss, nun ganz und gar nach Marokko zu ziehen und eben die Rückkehr der Aida zu erhoffen, in seinem neuen Heim, an seinem Arbeitsplatz, in seinem neuen Leben in Marrakesch. Die erste Nacht erschien noch wie im Traum, die vermutete gegenseitige Zuneigung fesselte beide Körper, und in den frühen Morgenstunden erstickte seine Erschöpfung das Stöhnen beider bis in die Mittagsstunden. 1.000 Dirham kostet diese Geschichte, denn jede sich in Bars oder Diskotheken bewegende Frau in einem islamischen Land ist zuletzt nur das, was die Männer als ungläubige und schmutzige Hure verstehen, wenngleich die marokkanische Wirklichkeit zahllose solcher Frauen zumindest in die Welt der Männer einbindet, ein bisschen als personifizierte Teufel, die zum einen die personifizierte Versuchung manifestieren, die aber auch zurück auf den richtigen Weg führen. Schon nach der vierten Nacht erhielt Aida einen Heiratsantrag, den diese jedoch aus wirtschaftlichen Gründen ablehnen musste, dem Franzosen völlig unbegreiflich, verstand er die Liebkosungen und das Flüstern zärtlicher Worte, die gespielte Befriedigung und die Begierde der Zurückkehrenden als einen unmissverständlichen Hinweis, seinen Pflichten als Mann nachzukommen und sich das Weib zur Frau zu machen, wenngleich auch hier mehr zur eigenen Befriedigung. Am sechsten Tag dieser Schöpfungsgeschichte wollte Aida nun gehen und bat um ein Honorar von 3.500 Euro, das Fünfunddreißigfache, das bei weitem die täglichen 1.000 Dirham überschritt und, so der Franzose, auch nicht vereinbart gewesen war. Aida packte ihre Sachen, schritt mit wehendem Haar in dieser eher heißen und zudem fast windstillen Gasse auf eben diese, rannte auf und ab, ohne sich wirklich fortzubewegen und schrie in einem marokkanischem Arabisch etwas von Unzucht und einem Ungläubigen, von Vergewaltigung und Freiheitsberaubung. Sie rief Allah um Hilfe an, den zu bestrafen, der ihr die Unschuld geraubt hatte, der ihr Versprechungen machte und diese nicht hielt, der sie schändete und Unzucht mit ihr trieb, ganz gegen ihren Willen, viel wichtiger noch, im Widerspruch zu ihrer Religion und Tradition, einen, der ihre verfahrene Situation ausnutzte, nicht einfach nur half, nein, dem sie sich erst noch hingeben musste. Aida griff ein Kopftuch aus ihrer Handtasche, warf es über ihr seidenes, langes, wunderschönes Haar, schrie weiter und lauter, ohne dabei wirklich davon zu laufen und es gelang sogar, einige Tränen zu vergießen. Rachid, der Hausbote des Franzosen, begriff schnell und versuchte, zum einen dem Herrn die Situation zu schildern, auch die Folgen auszumalen, die dieses Geschrei haben würde, der Prozess, die Verurteilung, die Inhaftierung jenes Ungläubigen, der die Unschuld der Muslima geraubt hatte oder aber die Zahlungen, derer es bedurfte, um später die Polizisten, die Anwälte und Richter zu beruhigen, Gelder, die man ohnehin nicht habe, die dem Betrieb zudem fehlen würden. Nun war es an Rachid, zu schlichten, die Seiten zu beruhigen und wieder dahin zu führen, wo es vor einigen Tagen angefangen hatte: Verständnis, Zuneigung, Offenheit, ja ehrliche Empfindungen und ein für alle Seiten so wunderbares Miteinander. Wenngleich sich die Bank-Filiale, bei der mein Nachbar seine Konten unterhält, in der Neustadt befindet, so gelang es ihm doch, innerhalb von nur 30 Minuten die geforderte Entschädigung für seinen sexuellen Raubbau zu beschaffen und damit der Zurückkehrenden die Möglichkeit zu geben, mit erhobenem Haupt zurück zur Tradition, zur Religion und Sittsamkeit zu finden, ihn zu vergessen, aber eben auch ihrem Namen und dessen Bedeutung zu entsprechen.

Ganz anders ergab sich für Bakr ein neues Leben. Bakr lebte im Süden Marokkos, dort lernte ich ihn in einem Hotel als „Mädchen für alles“ kennen, der immer freundlich und hilfsbereit sein Dasein 10 Stunden am Tag 30 Tage im Monat für

1.000 Dirham fristete. Zwar hatte der Kameljunge, so sein Name, in seiner Provinzheimatstadt am Rande der Wüste das marokkanische Abitur erlangt, was allerdings nicht mit einem europäischen zu vergleichen ist, und er sprach ein gutes Deutsch, wenngleich er Sätze, deren Inhalte über die täglichen Notwendigkeiten und Höflichkeiten hinaus gingen, nicht mehr versteht, doch zu einer Ausbildung reichte es nicht in einer Gegend, in der die Mehrheit der Menschen ohnehin arbeitslos waren, in einer Gegend, in die die Möglichkeiten des marokkanischen Königshauses nicht mehr wirklich anzukommen vermögen oder durch die korrupte Beamtenschaft in die eigene Bedürfnisbefriedigung umgeleitet werden, so Gott eben will. Bakr hasst den marokkanischen König. Er hasst allerdings auch die marokkanische Polizei, und er als Berber hasst auch die Araber, die ohnehin die schlechteren Muslime sind, ganz anders eben als die Berber, deren Aufrichtigkeit und Gottesglaube in Marokko seines Gleichen sucht. Bakr hasst zudem die Frauen. Traditionell sind Frauen dem Manne nicht gleich. Sie sollen in den Häusern sitzen, sauber machen, kochen, dem Manne zu Diensten sein oder eben die Kinder erziehen, aber ansonsten sollen Frauen möglichst unsichtbar bleiben. Diese Tradition kommt dem Kameljungen sehr entgegen, fand er doch frühzeitig heraus, dass er homosexuell veranlagt ist, Allah erschuf ihn, so und seine Kenntnisse vom Koran sagen, dass darin eben dieser Gotteswille auch respektiert würde. Jeder in Marokko hat seinen Koran, jeder seinen Weg, seinen Gott. Ein bisschen erinnert das an die Religiosität der Griechen, Römer oder Inder. Doch das versteht Bakr alles nicht. Er liest nicht gern, eigentlich nie, und in den Schulen beginnt die Historie mit der Begründung Marokkos, die Menschwerdung mit Adam und Eva, die kurz zuvor oder kurz nach der Gründung des Heimatlandes des richtigen Islam erschaffen wurden und sofort und gleich danach die Berber zum Islam bekehrten, wären Berber nicht ohnehin schon die einzigen wahren Muslime. Von Anbeginn, wie eigentlich auch Adam und Eva nur Berber gewesen sein können.

Viele Monate später hörte ich wieder von Bakr. Er berichtete mir im Chat, dass er einen deutschen Kleinunternehmer aus Berlin kennengelernt habe, der nun wiederum von ihm und seinen körperlichen Möglichkeiten derart beglückt wurde, dass dieser Deutsche ihn nun nach Berlin holen, ihn heiraten wolle, ihn eine Zukunft erwartete, die er in vielen Gebeten schon immer herbei gesehnt hatte. Als jedoch die marokkanischen Wachleute des Deutschen Konsulats in Rabat den Antrag und die Papiere kontrollierend sahen, dass es sich hier um eine Art Familienzusammenführung handeln solle, um ein Eheversprechen, wiesen sie ihn ab, ließen ihn nicht zu dem vereinbarten Termin, machten ihm sogar Angst, war doch seine Sexualität in seinem Islam zwar gottgewollt, im realen Marokko und der hier praktizierten Religion dagegen nicht. Zudem fühlte er sich durch die Beamten diskriminiert, die selbst Marokkaner waren und ihm sein Glück nun neideten, in dem sie ihm vorwarfen, dass Marokkaner keine Liebe suchen, nur Geld und ein gutes Leben. Bakr fühlte sich beleidigt. Um aber das Schicksal nicht allzu sehr herauszufordern, vernichtete der Kameljunge die Dokumente, schlich sich davon, verlor ein bisschen auch die Hoffnung, die ihm seine Landsleute drohend zu nehmen suchten, verlor damit aber auch jene Liebe, die ein neues Leben mit dem Deutschen auf eine gute Basis gestellt hätte, eine Liebe, die, so Bakr ohnehin nicht wirklich da gewesen sei, für die es sich nicht zu kämpfen lohnte und die sich mehr oder minder in sexueller Triebhaftigkeit auslebte, das wäre mit jedem anderen auch gegangen.

Jetzt jedoch lebt Bakr in Deutschland, in Berlin und erlebt in diesem Augenblick den Christopher Street Day, erlebt zum ersten Mal in seinem Leben jene Freiheit, die selbst mit religiösem Hintergrund und in ihrer Vielfältigkeit als Wink des Himmels einer eben der berühmten Wege zum richtigen Islam sein kann und von ihm gegangen würde, komme was wolle und zudem sehr sicher. Ein Arzt, ebenso aus Deutschland und ebenso aus Berlin, dem er im Hotel jene sprichwörtliche Erfüllung mit seinen ihm von der Natur mitgegebenen Möglichkeiten verschaffte, fand einen Weg, fand den Weg,

Bakrs Hoffnung zu erfüllen. Er erklärte sich bereit, ihm ein Germanistikstudium in Deutschland zu verbürgen, und selbst die Mitarbeiterin der hiesigen Botschaft bestätigte ausdrücklich, dass er sich keine Sorgen zu machen habe, denn der Arzt hätte für seine Unterkunft und Verpflegung gebürgt und ganz sicher auch dafür aufzukommen, und sie gab weitere Ratschläge, wie sein Aufenthalt in jedem Fall zu einem würde, den er sich als einen endgültigen wünschte. Auch da könne kommen was wolle. Natürlich kann niemand in Marokko etwas mit einem Germanisten anfangen, ohnehin ist die Basis, um ein solches Studium zu bestehen, bei Bakr überhaupt nicht vorhanden und auch nicht gewollt, aber erst einmal wäre er in Deutschland. Sein neuer Freund würde ihn aufnehmen, zumindest so lange, bis die dreimonatige Probezeit abgelaufen ist und sein Studenten-Visum verlängert würde. Danach allerdings solle er sich ein Zimmer und einen Job oder eben einen Freund suchen, womit der Deal geschlossen war. Der Arzt kam erneut in die Genüsse der Männlichkeit des jungen Berbers, Bakr eines neuen und für ihn nie dagewesenen Lebens. Millionen Marokkaner träumen davon. Jedoch würde Bakr lieber einen Beruf erlernen. Aber trotz seiner 26 Jahre hat er noch keine Vorstellungen, welche Beschäftigung ihm Freude und Erfüllung bringen könnte, hat er in seinem Leben nie wirklich konzentriert gearbeitet, geschweige denn sich ausgebildet und sucht er auch nicht wirklich ein solches, eher anstrengendes Leben, sondern war mit seinem Dasein im Grunde zufrieden, wären die Umstände komfortabler. Das sind sie in Berlin. Sollte das alles nicht möglich werden, dann kann er immer noch irgendeinen Schwulen heiraten, im schlechtesten Fall, so der Kameljunge, würde er eine deutsche Frau ficken und die eben heiraten. Viele Bekannte aus den Chat-Räumen haben es ähnlich gemacht. Sie leben seit Jahren in Europa und sind damit auch gute Berater, sollten einmal die Ratschläge der vielen deutschen Schwulen aus dem Gaychat nicht zum Ziel führen. Nur zurück würde er in keinem Fall gehen, nicht bevor er nicht eine unbegrenzte Aufenthaltsgenehmigung oder einen deutschen Pass erhalten hat. Bakr ist heute auf dem besten Weg, die Festung Europa zu erobern, einem trojanischen Pferd gleich und an Schwulen, die ihm helfen würden, scheitert es nicht. Bodenständige Männer, die sich nehmen, was sie wollen, sind bekanntlich bei vielen deutschen Frauen begehrt, bei den vielen Schwulen allerdings auch. Bakr sagt noch, dass sein Glück vollkommen wäre, wäre Deutschland nur ein muslimisches Land. Da konnte ich ihn beruhigen. Jung genug ist er.

Nach nun drei Monaten rief mich Bakr an. Er würde bald nach Marokko kommen, um seine Familie zu besuchen. Der Ramadan ist vorbei, die Aufenthaltsgenehmigung für das Studium sei ohne viele Komplikationen auf zwei Jahre verlängert worden. Alles wäre gut, wären da nicht die vielen Schulden. Zwischen ihm und seinem deutschen Bürgen besteht eine Vereinbarung. Danach hat Bakr für dessen Auslagen für die Flüge, für Essen oder Kleidung monatlich Raten an diesen zu zahlen, also ihn von der Bürgschaft freizuhalten. Die Summe ist nun zwischenzeitlich auf 2.000 Euro angewachsen, und obwohl Bakr nebenbei schwarz für 400 Euro arbeitet und auch sonst noch Jobs annimmt, reicht das nicht, um die Wohnung des Freundes zu verlassen, sich selbst zu versorgen und die Familie in Marokko mit 100 Euro im Monat zu unterstützen. Die ihm gegebene Garantie war nur für die Behörde, so würden das viele Schwule in Deutschland mit ihren Liebhabern machen, klärt er mich auf. Bakr bumst gern. Seitdem er auch Deutsche Männer bumst, ist er im Leben weitergekommen, erst aus dem Hotel am Rande der Wüste, wo er einer sehr schlecht bezahlten Arbeit nachging und der dortige Inhaber, auch Berber, ihn wie einen Sklaven behandelt habe, dann aus Marokko und nun wird ihm diese Leidenschaft auch beim Abbau der Schulden und der Erfüllung seiner Wünsche helfen. Er nimmt nun Geld. Nachfrage gibt es in Berlin genügend. Ein Muslim mehr auf dem Strich, auf dem schon so viele tätig sind. Er unterbricht das Gespräch und will sich nach dem letzten Gebet an diesem Tag wieder melden.

Weniger Minuten später sage ich ihm seine Pläne betreffend: „Bakr, dann bist Du eine Hure, jemand, der für Geld bumst, derselbe, der mir erzählt, dass er an einen Gott glaubt, dass er betet und dass er im Ramadan fastet, um Gott näherzukommen." Bakr antwortete mir: „Wenn man Geld zum Leben braucht, kann man alles tun. Und wenn ich was im Kopf habe, dann mache ich es auch, egal ob man das Hure oder Schlampe nennt. Ich bin Muslim und das bleibe ich. Nicht nur Muslime machen Fehler oder Dummheiten. Alle Menschen auf der Erde machen nur Scheiß-Dinge." „Bakr, Es gibt keinen Gott. Der Islam ist ebenso nur eine Geschichte, wie es das Christentum ist, wie der Buddhismus und alle anderen Religionen und Götter. Menschen machen Fehler. Einer der Fehler ist, sie glauben, ihr Gott, welchen sie auch immer haben, wird ihnen nach dem Tod vergeben. Das ist ein dummer Fehler, weil es kein Leben nach dem Tod gibt, weil es kein Paradies gibt, weil es keine Vergebung durch einen Gott geben wird. Es gibt dieses Leben. In diesem Leben findest Du die Hölle, das Paradies. Nur hier entscheidest Du über richtig oder falsch. Nur Du allein wirst mit dieser Entscheidung leben müssen, eben ein Leben lang. Danach ist nur der Tod. Als Hure wirst Du niemals wirklich Glück und Liebe erfahren oder erleben. Das nennt sich dann Hölle. Liebe, Bakr, Ehrlichkeit, Aufrichtigkeit, das nennt man Paradies. Denke einmal darüber nach."

Bakr Antwort ließ mich erahnen, dass er den gleichen Weg nehmen wird, wie viele durch Betrug nach Deutschland und Europa eingewanderte Muslime. Früher oder später wird er an dem Spannungsfeld dessen, was ihm ein Leben lang eingeprägt und von ihm ohne jegliche Kritik aufgenommen wurde und der von ihm gewählten Wirklichkeit scheitern und zum weiteren Extremisten in Europas Hochburg der gewaltbereiten Extremisten aus islamischen Ländern werden.

„Nein, ich muss nicht darüber nachdenken, weil ich für alle Ewigkeit an Allah, meinen Islam und den Koran glaube. Nach dem Tod gibt es entweder die Hölle oder das Paradies. Da kann man nicht auswählen, ob man in Afrika oder in Europa oder den USA leben will. Dort gibt es nur das Paradies für die Menschen, die an Allah und den Koran glauben und die Hölle für die Leute, die an nichts oder den Teufel glauben und sich nur nach ihrem Verstand richten oder nach wirtschaftlichen Interessen. Allah zeigt mir den richtigen Weg.

Ich glaube, Du hast den Koran nicht gelesen oder verstehst nicht, was der Koran sagen will. Frag Dich einmal, warum alles im Koran ohne Fehler geschrieben und seit vielen Jahrhunderten richtig ist. Das werden alle noch lernen."

Khaled dagegen fand einen anderen Weg. Seine große Liebe in Deutschland vermittelte ihm eine Einladung, seine Ferien dort zu verbringen. Khaled hat einen Beruf, lernt schnell, auch Sprachen, wenngleich auch bisher kein Deutsch, hat ein eigenes Konto, ein Auto, eine Familie und ein Zuhause und somit alle Voraussetzungen, zurückkehren zu wollen. Daher war es nicht schwer, ein Visum für den Aufenthalt in Deutschland zu erhalten. Die Behörden seines Wunschlandes lehnten die Erteilung eines Visums ab, selbst für Besuchszwecke und trotz einer Bürgschaft eines Kanadiers, denn dabei handelte es sich um einen Iraner, der es mit der Integration nicht so eng sieht und zudem dem kanadischen Sozialstaat, soweit vorhanden, zur Last fällt. Nach seiner Ankunft in Hamburg, wo er einige Tage in einem Hotel unterkam, flog er gleich nach Oslo weiter. Dort lebt der Freund eines Mitarbeiters der norwegischen Botschaft, der ihn nun bei der Asylbeantragung behilflich sein wollte. Er fand heraus, dass die beste Möglichkeit, ein Aufenthaltsrecht zu erlangen, für ihn in Brüssel bestünde. Die dortige Bevölkerung besteht zu 40 Prozent aus Muslime, und dort ist man nicht ganz so streng mit einreisewilligen Arabern wie in Norwegen oder gar in Deutschland. Zudem würde er in Deutschland schon aufgrund des erschlichenen Visums wenig gute Aussichten haben, allemal in seiner Heimat auch nicht wirklich verfolgt. Khaled flog nach Brüssel und folgte genau den Ratschlägen. Er vernichtete seinen Pass, um Herkunft und Visum zu verschleiern, erzählte die weitverbreitete Geschichte, mit einem LKW durch die Türkei in die EU eingeschleust worden zu sein und all sein Geld dafür bezahlt zu haben und erdachte sich eine dramatische Geschichte, die die unmöglichen Zustände in seinem heimatlichen Umfeld für Homosexuelle darlegten, wenngleich ihm dabei ein anderer Asylant helfen musste, hatte Khaled in seinem Leben bis dahin noch niemals unmögliche Zustände oder Verfolgung erlebt. Der deutsche Freund war schnell vergessen, denn auch in Belgien wollen so viele Sex, und es lag nahe, dann jemanden zu finden, der vor Ort nützlich sein könne, denn zuletzt entwickeln sich Gefühle mit den Jahren, insbesondere erst nach erhaltener Hilfe, und Sex ist eine rein körperliche Angelegenheit und hat für den jungen Mann nur wenig mit dem Gegenüber zu tun. Auch Khaled will nie wieder zurück in seine Heimat, selbst wenn er auf Dauer arbeitslos wäre. Schließt man eine Tür, öffnet sich eine andere, so Gott will, und zudem gewähren auch die belgischen Behörden Sozialhilfe und Unterkunft. Einmal will Khaled, dessen Name an den Namen Khalid angelehnt ist, dann nach Hamburg umsiedeln, seinem Namen entsprechend für ewig, der deutschen Ordnung wegen, wie er mir in seiner Mail schrieb und er will nie wieder etwas über Muslime und Araber hören, die er alle für verlogen, gefühllos und hintertrieben hält. Er lebt nun in der islamischsten Stadt Europas, Brüssel.

Die Enkelin des Paschas und die Huren

Fatimsarah spricht viel. Ihre Mutter ist Marokkanerin, ihr leiblicher Vater ein jüdischer Franzose aus der Normandie. Die Eltern trennten sich schon ein Jahr nach ihrer Geburt. Die Mutter heiratete erneut, dieses Mal einen Marokkaner, der von nun an für Fatimsarah wie ein Vater war. Sie liebt ihren Vater. Sie liebt auch ihre Mutter, die heute als Psychologin in Marrakesch erfolgreich tätig ist, wohin die zwischenzeitlich zum zweiten Mal mit einem Australier verheiratete Fatimsarah alle drei Monate zu Besuch kommt. Mutter, Vater und die Tochter treffen sich nur noch selten. Fatimsarah verließ schon mit 17 Jahren das Haus, versuchte sich mit unterschiedlichen Jobs durchzuschlagen, bis erst sie selbst, dann andere ihre Stimme entdeckten und Fatimsarah zu einer gefragten Sängerin wurde: in Australien, in Belgien, in Frankreich und natürlich auch in Marokko, speziell in den Clubs, Bars und Hotels in dem so mystischen Marrakesch, aber auch in Diskotheken, in denen die junge, sehr hübsche, ja mondäne Frau sich nicht gern aufhält, befinden sich in Marokko, in Marrakesch sowieso eigentlich nur Prostituierte in Diskotheken, die dort auf zahlungskräftige Einheimische, lieber aber die großzügigeren Sextouristen warten, denn Marokko ist nicht nur ein streng muslimisches Land, sondern auch das Bordell frankophoner europäischer Männer, die junge Frauen, oft aber auch minderjährige Mädchen bevorzugen. Ohnehin würden, so Fatimsarah, die meisten Mädchen vorehelich Sex haben, wenngleich jede das Gegenteil behaupten würde.

Fatimsarah hat einen Halbbruder. Das Geschwisterpaar hat denselben Vater, nicht aber dieselbe Mutter. Sie und der 23jährige Achraf sehen sich während der zahlreichen Besuche der Schwester in Marrakesch und verbringen die Zeit miteinander. Fatimsarah liebt ihren Bruder und der Bruder liebt die Schwester, die ihm ein Vorbild ist, was soweit geht, dass Achraf gar ihre Kosmetikartikel nutzt. Achraf erkannte viel später als seine Mutter, die immer noch hoffte, dass sich die Veranlagung mit Allahs Hilfe dann doch noch ändern würde, dass er homosexuell veranlagt ist, und nachdem er seine Gefühle seiner Mutter gestand und diese die Beichte an den Vater weiterleitete, verwies der Vater und Polizist den Jungen aus dem heimatlichen Taza, verbot allen Familienangehörigen den Kontakt, entzog der Mutter jegliche finanziellen Möglichkeiten, um damit zu verhindern, dass sie ihren so geliebten Sohn, der eher einem jungen Mädchen gleicht, unterstützt, bis dieser sich selbst ein Leben aufgebaut hat. Achraf leidet auf der einen Seite unter dem verloren gegangenen Familienleben und erfasst noch nicht wirklich, was es bedeutet, der tote Sohn eines arabischen Vaters zu sein, doch genießt er auch die neue Freiheit und die Zeit mit seiner Halbschwester, die ihn dann und wann in einen der Clubs mitnimmt, in eine Bar, auch in Diskotheken, in denen der junge Mann sich nicht gern aufhält, befinden sich in Marokko - in Marrakesch sowieso - eigentlich nur männliche Prostituierte in Diskotheken, die dort auf zahlungskräftige Einheimische, lieber aber die großzügigeren Sextouristen warten, denn Marokko ist nicht nur ein streng muslimisches Land, sondern auch das Bordell homosexueller Männer aus Europa, die die jungen Männer, oft aber auch die minderjährigen Jungs bevorzugen. Ohnehin würden, so Achraf, die meisten jungen Männer vorehelich Sex haben, sie werden von Verwandten missbraucht, missbrauchen selbst Cousins oder jüngere Brüder, manchmal unter Androhung von Gewalt, manchmal aber auch im gegenseitigen Einverständnis, soweit man von einem 10jährigen das erwarten kann.

Fatimsarah nimmt sich ihres Bruders an, wurde er doch sehr weltfremd erzogen und ist er eigentlich, obwohl älter als die jüngere Halbschwester, nicht in der Lage, seine neue Freiheit zu organisieren, insbesondere nicht seine Versorgung oder gar Unterkunft, und er droht manchmal gar in der großen Stadt verloren zu gehen. Die junge, hübsche Frau dagegen ist die Einsamkeit gewöhnt, ist es auch gewöhnt, sich in den Metropolen dieser Welt zurechtzufinden und entsprechend zu präsentieren, war ihr Großvater einst doch der Pascha von Marrakesch und bewohnte man zusammen den Bahia-Palast, heute ein Museum, damals ein Labyrinth aus Zimmern uns

Salons, Hallen, Höfen und Gärten, in dem das Kind sich schon dann und wann verlief, doch zuletzt auch erlernte, sich im Labyrinth des Lebens zurecht zu finden, in dem viele Wege zu Allah führen und ebenso sicher auch einer für sie dabei zu sein schien.

Sarah ist eine junge, schöne, ja fast mondäne Prostituierte und arbeitet in Marrakesch. Sie verkehrt wie zehntausende andere Nutten in dem so religiösen Land in Restaurants, Bars und Clubs, in Hotels und Diskotheken, um dort einen Freier zu finden, an schlechten Tagen einen schlecht zahlenden religiösen Marokkaner, von denen es mehr gibt als Prostituierte, an besseren Tagen einen europäischen Sextouristen, der zuerst glaubt, die Versuchung seines Lebens gefunden zu haben, manchmal gar die große Liebe, der er sofort und freiwillig ein Eheversprechen gibt und ohne die er am nächsten Morgen seiner Manneskraft beraubt allein in einem gemieteten Apartment in einem zerwühlten Bett aufwacht oder in einem der zahllosen Hotels, die alle gegen ein kleines Zubrot das gemeinsame Nächtigen zwischen Sextouristen und Nutten erlauben. Und neben seiner Manneskraft vermisst er nach und nach viele kleine Fundstücke, sei es eine Uhr, eine teure Markensonnenbrille, ein Computer, gar Ringe oder einfach nur die Brieftasche, denn Nutten in Marokko, einem Land, das in der gesamten arabischen Welt als der Hort des lasterhaften Weges zu Gott gilt, verlangen erst einmal kein Geld, sondern Verständnis und wünschen sich Liebe. Allemal bis zum Morgengrauen.

Sarah, die schöne Hure in Marrakesch, lebt mit einem jungen Mann zusammen, der auf seine Weise den gleichen Werdegang hat, wenngleich Achraf auch eher keine besonders männliche Hure ist, so doch ein knabenhaft wirkender Schwuler, dem ältere Herren, die es in Europa nicht mehr leicht haben, einen jungen Mann für Zweisamkeiten zu gewinnen, anheimfallen können, seinen traurigen Lebensbeichten zum Opfer fallen, bevor sie ihn bumsen dürfen oder von ihm gebumst werden und bevor sie am nächsten Morgen, hoffend neben ihrem neuen Freund, denn Stricher verlangen in Marokko kein Geld, sondern erwarten Zuneigung und Liebe, erwachen und neben ihrer Samen auch die Uhr, womöglich einen Ring, manchmal Markensonnenbrillen oder einfach nur eine Brieftasche verlieren.

Aber Sarah und Achraf, wie hunderttausend andere junge Frauen und Männer, sind auch in der Lage, ganz ohne Sex und nur mit Hoffnung und Versprechen die Freier oder Helfer, die neuen Freunde oder die immer fremd bleibenden Fremden zu berauben und sie dennoch anschließend wegen behaupteter Unzucht zu erpressen oder gar an die Polizei zu verraten, die in diesem Land bereitwillig dem so in die Falle gegangenen Marokko-Besucher, der einmal tief in die Kultur dieser so naturverbundenen, immer fröhlichen und gastfreundschaftlichen Gesellschaft einzusteigen versucht, bereitwillig das Geld abnehmen und es sich im Team teilen.

Lars ist kein Pascha. Lars ist auch niemand, der wirklich an Gott glaubt, geschweige denn jemand, der ehrlich zu sich und seiner Gefühlswelt steht, sondern er ist ein Mann, der sich den Verhältnissen unterordnet, gar ein Teil des Systems geworden ist, nicht zuletzt, weil es für ihn und die Befriedigung seiner Bedürfnisse nötig ist, zu denen er nicht stehen mag und kann und weil es eben viele Wege zu Gott gibt. Lars nimmt sich den zahllosen Besuchern an, schon aufgrund seiner herausgehobenen Stellung unter den Ausländern in Marrakesch und beruhigt diese und nimmt ihnen über das Erlebte damit das Entsetzen, dass er zum Trost darauf hinweist, dass man zwar ausgeraubt, erpresst oder bedroht wurde, dafür aber nicht umgebracht. Denn auch diesen Weg gibt es in dem so religiösen Marokko, in dem es viele Wege gibt, die einen gläubigen Muslim zu Allah führen, egal welche Irrwege er zuvor versucht hat. Das weiß Fatimsarah, das weiß Achraf, Lars weiß das, die vielen Polizisten und zudem wissen es immer mehr Touristen, selbst wenn es sie nur wegen der Sonne und dem paradiesisch blau anmutenden Himmel über Marokko nach Marokko zog.

Sufyans Mutter

Neben dem Bruder und Sufyan, dem älteren der beiden Kinder dieser eher kleineren Familie, leidet seit vielen Jahren auch der Ehemann der Mutter und Vater der Kinder unter eben dieser, ihrer unerbittlichen Härte bei der Durchsetzung ihres häuslichen Willens, das Treiben des Vaters und Ehemannes zu beruflichem Erfolg, zur Mehrarbeit, um ihr und der Familie den gewünschten Lebensstandard zu verschaffen, unter den fortlaufenden Anordnungen, Fragen und Kontrollen bis in den letzten Teil des Intimlebens eines jeden Mitgliedes dieser für marokkanische Verhältnisse kleinen Gemeinschaft.

Mit 14 Jahren entzog sich Sufyan dieser unerträglichen Belastung, der der Vater seit langem nicht mehr standhalten konnte, heute schwach und elend sich zuhause nur noch dem Fernsehen widmend und insbesondere der noch größeren Belastung, nachdem die Mutter durch Kontrollen, das Lesen von Telefonnachrichten oder Emails und dem Prüfen von Internet-Kontakten herausfand, dass ihr ältester Sohn offenbar homosexuell veranlagt ist, ihr schon lange unterbewusst klar, nun unmissverständlich bewiesen und ein weiterer Grund, mit aller Härte und Gewalt, mit zur Hilfenahme des Korans, den traditionellen Regeln und unter Anrufung Allahs den Jungen, die Jungs, die drei männlichen Mitglieder der Familie noch mehr zu peinigen als es bisher schon geschah und das, obwohl der Tag nicht genügend Raum ließ, eine Ausweitung des weiblichen Terrors zuzulassen. Dennoch gelang es ihr.

Sufyan lief fort, brach die Schule ab und machte sich in Marrakesch auf den Weg, auf seinen Weg sein Leben zu finden, wenngleich er zuletzt einen vorgezeichneten Weg einschlagen musste, der für Jungs in seinem Alter und auch jünger und Jungs, die vielleicht sensibler sind als andere oder gar mädchenhaft oder homosexuell, wenn auch nicht weiblich dabei, in muslimischen Gesellschaften vorgezeichnet scheint, zumindest Sufyan war es so bekannt, und von ihm auch als die einzige Möglichkeit angenommen, überhaupt ein menschwürdiges und vermutet selbstbestimmtes Leben zu leben und seinen Gefühlen und Bedürfnissen freien Lauf zu lassen, denn nichts schien zuletzt noch erniedrigender, als dem Terror der Mutter weiterhin standhalten zu müssen.

Sufyan fand sich vor Mac Donalds in der Neustadt ein, ein bekannter Treffpunkt für junge Schwule und zudem auch sich als Prostituierte verdingende Jungs und Mädchen oder junge Frauen, wo er das Glück hatte, auf einen Mitte 20jährigen Mann zu treffen, der dem zarten, hübschen, kleinen Jungen sofort ein neues Zuhause anbot, ein eigenes Zimmer, ein eigenes Taschengeld, ja eine eigene neue Familie, in der er so sein könne, wie er war, wie Allah ihn geschaffen hatte, für die anderen fehlerhaft, nun aber sicher als Zeichen der Größe Gottes und der Vielseitigkeit seiner Schöpfung. Sufyan glaubte seinem Glück nicht und folgte noch am selben Tag nach Agadir, wo ihm nicht nur sein Zimmer gezeigt wurde, die anderen teilweise noch jüngeren Familienmitglieder, sondern wo der neue große Bruder und Haushaltsvorstand ihn nun auch erstmalig in seinem jungen Leben mit dem vertraut machte, was nicht nur Sufyans Veranlagung war, sondern was der Junge sich vielleicht manchmal schon erträumte oder es als normalen Weg eines aussätzigen Homosexuellen in einer muslimischen Gesellschaft als seine Zukunft und einzige Möglichkeit zu sein vermutete.

Sufyan erlernte gleich in der ersten Nacht, wie er oral und anal alle Möglichkeiten seines zarten, jungen Körpers einzusetzen hatte, um nicht nur seinem Lehrer, sondern auch dessen Freunden zukünftig jene Freude zu bereiten, die die einen - nicht unverheiratet - nicht mit Frauen haben können, andere nicht mit ihren Frauen in dieser Form, wieder andere nicht im ordentlichen Leben eines arabischen Gesellschaftssystems oder mangels eigener knabenhafter Verwandtschaft mit eben dieser. Sufyans Schmerzen waren groß, die Lust auch, er weinte, aber er wusste, dass es nur normal sei, er nun seinen Platz in der islamisch-arabischen Gesellschaft habe, fern der Mutter und frei, wenngleich auch gefangen in den Schmerzen, die er so nicht als Liebe vermutet hätte, von denen er aber wusste, dass sie mit der Zeit erträglicher werden würden und dass nur eben diese seine Nutzbarkeit es war, die ihn in einem asozialen Umfeld, in dem sich jeder nur selbst der Nächste ist, überhaupt in seiner Lebensform an eben diesem Leben halten würde.

Für jeden Freier bekam Sufyan ein kleines Taschengeld, die Miete wurde verrechnet, die Haushaltskosten, die Verpflegung und natürlich auch die vielen neuen Kleidungsstücke, und hatte er das Glück, den 11-, 12- oder 13jährigen Jungs vorgezogen zu werden, weil er trotz seines eigentlich viel zu weit fortgeschritten Alters viel jünger aussah und zierlich war, von einer Gruppe älterer verheirateter oder auch alleinstehender Männer für deren Befriedigung gemeinschaftlich genutzt zu werden, so erhöhten sich die Zahlungen, die Geschenke und die Position in dieser neuen Gemeinschaft, von denen es in Marokko in allen größeren Städten viele gibt, die die Jungs zum Glück von den Straßen in ein bürgerliches Sein herüberziehen, wenn auch an dessen Rand, nun wenigstens den aufrechten und guten Gläubigen für jene satanischen Dienste zur Verfügung stehen, das eigene erbärmliche Dasein zu rechtfertigen und andere Kinder vor gleichen Erlebnissen zu bewahren und damit der streng religiösen Gesellschaft einen Dienst zu tun.

Einmal jedoch öffnete sich die Tür seines Zimmers und der vor ihm stehende Polizist war, soweit sich der Junge überhaupt erinnern konnte, der größte und korpulenteste Mann, den er jemals in seinem Leben bewusst wahrgenommen hatte, dunkelhäutig, mit teilweise fehlenden Zähnen, Händen wie Pranken, sich nun ausziehend und den Jungen zwingend, ihn oral zu befriedigen, was Sufyans körperliche Möglichkeiten bei der Größe dessen, was er in den Mund zu nehmen hatte, an ihre Grenzen stoßen ließ, dennoch aber wohl der zierliche Körper den großen Mann so sehr in Rage versetzte, dass er den Jungen nahm, auf das Bett warf und ohne jegliche Hilfsmittel in ihn einzuringen suchte. Sufyan schrie vor Schmerzen, weinte und bot an, alles zu tun, was der Freier nur verlangen würde, wenn er zumindest anal verschont würde, was den Staatsdiener,

Familienvater und gläubigen Muslim jedoch noch viel mehr reizte, denn gerade die Demütigung und Unterdrückung ist die alltäglich seit Jahrhunderten gekannte Wirklichkeit im Leben vieler Araber, und nichts mehr verschafft Lust, als eben diese gegen den nächst Schwächeren auszuüben, und warum nicht gleich gegen Kinder? Sufyan blutete, und paradoxerweise diente nun eben dieses aus Schmerz resultierende Blut als Ersatz und Gleitmittel und Hilfe, beim Ertragen dessen, was dem Jungen dann geschah und dem er nun mehrere Stunden standzuhalten hatte. Und während er sich vielfach in dem Jungen erging, stöhnte es aus seinem Mund „Allah, oh Allah". Und einer oberflächlichen körperlichen Reinigung am sich im Zimmer befindlichen Waschbecken schloss sich die Reinigung des Geistes durch ein Gebet an, eines von fünf, die ein gläubiger Muslim am Tag zu entrichten hat.

Nach diesem Erlebnis lief der Junge fort, diesmal zurück nach Marrakesch und dort zu den Prostituierten, zu den Frauen und Männern in ein für diese zur Verfügung stehendes Lokal im Stadtteil Bab Dukhala, in dem sich ein als Frau gekleideter und entsprechend geschminkter und frisierter junger Rauschgiftsüchtiger seiner annahm. Beide zogen nun gemeinsam durch die Nächte dieser als erotisch und mystisch verkannten Stadt, für die im Westen immer wieder geworben wird und die Sextouristen aus aller Welt anzieht, auch aus den Ländern des Mittleren Ostens und den Heiligen Städten Mekka und Medina. Während sich der neue Freund von betrunkenen und stolzen arabischen Männern, die für die Freigabe ihrer Männlichkeit an Jugendliche und Kindern selbstverständlich nicht zu zahlen bereit sind, in Parkanlagen anal zur Verfügung stellte, achtete Sufyan darauf, dass es zu keiner Störung durch kontrollierende Polizisten kam, beteiligte sich anschließend oral an der Befriedigung der Straßenbekanntschaft, während sich der ältere Stricher bekleidete und parallel dazu die stöhnenden Freier ausraubte, Brieftasche oder Geldscheine aus der ebenso auf dem Boden und vor ihnen liegenden Hosen zog. Oft kam es zu Kontrollen durch die Polizei, beide Jungen rannten fort und Sufyan lernte, dass man als Junge, ob schwul oder nicht als Hure arbeitet, die Freier beraubt, gerade die Marokkaner, die nicht zahlen wollen und später selbst als Freier darauf achtet, dass man von den von einem selbst benutzten Jungs nicht ausgeraubt wird, sondern besser zahlt, wenn es keine andere Möglichkeit gibt.

Es folgten eine Menge weiterer Erlebnisse in der Medina von Marrakesch, in den Geschäften angesehener und religiöser Geschäftsleute in der Neustadt, in denen der Junge alten Männern über Stunden zu Diensten war, unerbittlich kalt, hart, erniedrigend, körperlich und zudem seelisch verletzt, und seine Veranlagung war nun mehr die gerechte Strafe, als Möglichkeit, ein freies Leben zu leben. Viele Polizisten vergingen sich an ihm, das war nötig, um nicht laufend bei Kontrollen verhaftet zu werden, auch ein Imam war unter den Freiern, der im Augenblick seiner Befriedigung, wie der Polizist in Agadir auch, Gott anrief und anschließend ein Gebet sprach. Es folgten Touristen, die wenigstens zahlten, Türsteher in Diskotheken in den dortigen Toiletten, um keinen Eintritt bezahlen zu müssen und so wiederum in den Lokalen mit anderen, ja weiteren Erlebnissen in Kontakt zu kommen, die zusammen gesetzt ein typisches Leben eines typischen minderjährigen Homosexuellen in dieser Gesellschaft bilden, manchmal auch eines heterosexuellen Kindes, aber alles das spielte keine Rolle, weil zu Allah eben viele Wege führen. Sufyan jedoch begann seinen Weg zu verabscheuen.

Einmal jedoch verliebte sich Sufyan in einen Mann, und den wollte er nicht ausrauben, von dem wollte er keine Bezahlung, er wollte dessen Zuneigung, dessen Zärtlichkeit und dessen Liebe. Und er verschwieg diesem Mann sein junges Alter, gehörte das Nehmen von Kindern und Jugendlichen doch ohnehin zur eigenen Tradition und war nicht ehrenrührig, und als dieses junge Alter nun klar wurde, konnte für den Europäer nur die Trennung erfolgen, die Sufyan noch bis heute nicht wirklich verwunden hat. Die erste Liebe, die Umstände, die Unumkehrbarkeit der heutigen Situation, den dann eingegangenen Vertrag mit einem Arbeitgeber und Sexualpartner, den er nicht liebt, den er betrog, ja betrügen musste, dem er auf zweierlei Wegen diente, auch eine lange Tradition, zwei Jahre später ebenso mit der mit ihm wieder in Kontakt stehenden ersten und einzigen Liebe betrog. Ein nun zweimal berührtes Glück, ein dann zweimal verlorenes Glück. Ein Verlust, dessen Schmerzen nun in Rauschgift ertränkt wurden, die die Frage vergessen ließen, ob die Liebe die Aufgabe der wirtschaftlichen Unabhängigkeit, die im eigentlichem Sinne keine war, rechtfertigte oder eben nicht und die Gefühle, die zum ersten Mal und seit so langer Zeit in ihm erwachten und lebten, dieses Trauma überleben könnten, einmal in dieser erhofften Beziehung, vielleicht in einer anderen, neuen, die mit der Vergangenheit nichts mehr zu tun haben würde?

Noch vor alledem sah Sufyans Mutter ihren Sohn wieder. Er kam in die gemeinsame Wohnung zurück. Er schien ein anderer, erwachsener, endlich rechtschaffender, widersetzte sich nicht mehr, wurde dem kleinen Bruder ein Vorbild, besuchte die Schule, die er abschließen konnte und zog mit einem befreundeten Stricher nach Casablanca, wo er in einem Call-Center nicht nur einen gut bezahlten Job, sondern insbesondere das Gefallen des Inhabers der Firma und damit eigentlich das in arabischen Ländern erhoffte Glück einer finanziellen Versorgung fand, die ihn zwar allumfassend einband, aber dafür auch entsprechend honorierte, wenngleich das die Gedanken an eine verpasste Liebe nicht wettmachte, an manchen Tagen nicht, nachts nicht, nach dem Sex oder gar während dessen mit einem Mann, mit dem ihn ein Arbeitsvertrag verband und gegensätzliche körperliche Bedürfnisse und selbst nicht nach der erneuten Begegnung mit der Jugendliebe und der Klarstellung, dass das Angestelltenverhältnis aussichtsvoller schien als die erhoffte Zärtlichkeit und Annahme, wenngleich das Töten dieser Gefühle auch nur mit Koks zu bewältigen war.

Heute ruft Sufyans Mutter regelmäßig an und weiß, dass ihr ältester Sohn natürlich ihren vielen finanziellen Forderungen nachgeben wird, denen der Vater schon lange zum Opfer gefallen war, dürfte er sonst seinen geliebten und jüngeren

Bruder nicht mehr treffen, der ähnlich Sufyan zwei Jahre zuvor mit seinem 14ten Lebensjahr erkannte, dass er homosexuell sei, wovon die Mutter auch diesmal wusste, was jedoch durch Sufyans wirtschaftlichen Erfolg und die Hoffnung auf den gleichen Werdegang des zweiten Jungen unter Aufsicht des größeren Bruders entschuldigt war und allemal eine bessere Versorgung bot als der Vater, der seit so vielen Jahren aufgebend nur noch dem Fernsehen folgend sein Leben fristet, schon lange gar nicht mehr beteiligt war an dem, was in Marokko als Familienleben verstanden wird.

Ein Senegalese in Marrakesch

Als Oumar starb, lag über Marrakesch die eisige Luft, die gekühlt durch den Schnee auf dem Hohen Atlas sich Nacht für Nacht in den Wintermonaten die Berghänge hinunter in die Stadt bewegt und dort jegliches Leben erstarren lässt und denen die allein geblieben sind, so wie es heute Jean ist, noch mehr von jener Einsamkeit vermittelt, die unabhängig von der Religion, von der Rasse, dem Alter und der Bildung nur durch Liebe überwunden wird und Menschen sich nahe fühlen lässt.

Die vielen französisch geführten Call-Center in Marokko gehören zu den Firmen, die neben einer besseren Bezahlung auch Schwarzafrikanern, hier speziell aus dem Senegal, die Möglichkeit einer regulären Arbeit verschaffen. Für Menschen aus muslimischen Bruderstaaten ist es möglich, durch Nachweis einer Beschäftigung eine Residenz zu erhalten und Senegalesen sind wegen ihrer oftmals sehr guten Kenntnisse der französischen Sprache im Gegensatz zu den Marokkanern, die eher ein nur im Alltag verwendbares Französisch sprechen und von einem tatsächlichen Franzosen schnell als Mitglied kolonialen Sozialisation ausgemacht werden, bei eben diesen Unternehmen sehr beliebt. Oumar fand schnell einen für hiesige Verhältnisse gut bezahlten Job und war nun in der Lage, ein eigenständiges Leben in Marokko zu leben, weit weg von seiner Heimat Senegal, weit weg von den dortigen Stammesriten, weit entfernt von einer Gesellschaft, die die wenigen bekannten Worte des Koran dafür um so stringenter auslegen, weit entfernt von der geliebten, ihn so sehr liebenden Mutter, weit entfernt von seinem Vater, dem er immer ein guter Ältester gewesen ist, während der Kindheit, der Jugend, während der Schulzeit, des Studiums und nun eben auch mit dem neuen Leben fern der Heimat, um die Familie mit seiner eigenen Selbstfindung nicht zu belasten.

Oumar ist Muslim. Er sagt, dass er Religion allerdings eher philosophisch, als einen gesellschaftlich-sozialen Entwurf, versteht, Allah nicht als jemanden erkennt, der über alle wacht, mehr noch alles bestimmt oder gar lenkt. Wenngleich Oumar freitags ein Gebet spricht, eines von fünf, die ein gläubiger Muslim zudem jeden Tag zu sprechen hat, so folgt er hier mehr meditativ jener Tradition, die jeder jungen Generation von der älteren vorgelebt wird, er folgt damit eher den Gesetzen der herrschenden Mächte, deren seit so vielen Jahren währenden Erziehungsmaßnamen, sehr viel weniger dem Glauben. Und dennoch respektiert Oumar die geltenden Regeln, die Hierarchie. Er achtet die Alten und das nur mit ihnen das Wissen ist und alle Rechte sind. Er achtet sein Gegenüber. Er ist stetig darauf bedacht, jedermann freundlich zu begegnen, ehrlich, wahrhaftig, herzlich, und Oumar ist hilfsbereit, teilt und übernimmt Verantwortung für sich, aber eben auch für seine Freunde. Oumar stielt nicht, er prostituiert sich nicht, für Oumar gilt Liebe und Treue mehr als Geld und Karriere, die Partnerschaft mehr als das eigene Leben. Und so erscheint der 26jährige Mann in seiner Umgebung fast störend, und sieht man seine Glaubensbrüder um ihn herum, bleibt nur die Vermutung, dass ein so lebender Muslim nur ein gläubiger Christ sein kann.

Oumar erscheint. Seine Größe, sein gut gebauter und schlanker Körper, seine schmalen Hände und Füße, seine langen, grazilen Finger, auch sein Gang vermitteln eine gewisse natürliche Vornehmheit, eine Eleganz, keine Überheblichkeit, aber eine über die alltäglichen Probleme und Dinge erhabene Ruhe und Zuversicht. Seine sinnlichen Lippen dominieren sein kantiges Gesicht, sein strahlend weißes Lächeln verzaubert, wenn nicht schon vorher die großen lebendigen dunklen Augen einen Jeden vereinnahmt haben.

Als kleiner Junge wurde Oumar von seinem Kindermädchen sexuell missbraucht. Das ist die einzige Erinnerung an eine heterosexuelle Beziehung, die der junge Mann hat. Seit dem Oumar denken kann, fühlte er sich eher zu reiferen und älteren Männern hingezogen, wünschte sich nichts mehr als eine langjährige Beziehung, ein Leben zu zweit, eine Ehe, wie sie in der freien Welt zwischen gleichgeschlechtlichen Paaren möglich ist. Davon hatte er gehört. Das war sein Ziel. Das sollte sein zur Wirklichkeit gewordener Traum werden, ein Traum, den Oumar seit langer Zeit zielstrebig verfolgte. Doch war ein solches Leben im Senegal nicht vorstellbar. Dort gab es den typisch islamischen Weg der Verheiratung, der Gründung einer Familie, des nächtlichen Wegbleibens, der Suche nach Strichern oder gleich Empfindenden, dem schnellen Sex in Gassen, in Waschhäusern, in öffentlichen Parks, Toiletten oder mit jüngeren Familienangehörigen. Für diesen Weg fühlte Oumar sich nicht geschaffen. Er wollte einen geradlinigen Weg wählen, aber insbesondere auch zu sich stehen und mit seiner Veranlagung sein Recht auf Glück und Liebe erfahren.

Observation in allen Bereichen des Lebens ist ein wichtiger Bestandteil in einer muslimischen Gesellschaft, in der sich bis in die engsten Familienverhältnisse alle gegenseitig kontrollieren, gar überwachen und niemandem auch nur wenige Minuten der freien Entfaltung bleibt, soweit diese nicht mit dem Gruppenverhalten im Einklang zu bringen ist, und diese Observation führt gar dazu, dass man einander denunziert, selbst im engsten Familienkreis. So geschah es Oumar auch. Eine ebenso in Marokko arbeitende und lebende Cousine forschte und fand heraus, dass sich der hübsche Cousin homosexuell orientierte und in wenigen Augenblicken war die Verwandtschaft in der fernen Heimat telefonisch informiert, und was eigentlich allen schon immer klar war, jeder spürte, jeder hätte sehen müssen, lebte er doch in der Heimat eine langjährige Beziehung mit einem aus Frankreich stammendem Partner, verbreitete sich einem Buschfeuer gleich, bis zuletzt die gesamte Sippe, die zahllosen Verwandten, Brüder und natürlich auch der Bruder des Vaters und einer von Oumars Onkeln davon erfuhr, der eben diesen Vater zu einem Gespräch aufsuchte und damit gleichsam den Vater aufforderte, diese entsetzliche Entehrung der Familie durch den ältesten Sohn zu beenden, die Ehre der Familie, der Sippe vor Allah und der Gesellschaft wieder herzustellen.

Mutter liebte ihre Kinder, Mutter liebte aber immer ganz besonders ihren Erstgeborenen, dem sie alle Chancen gewährte, die vielen Menschen in Afrika verwehrt bleiben, eine gute Ausbildung ermöglichte, ein Studium, schöne Kleider und auch die Möglichkeiten, sich in anderen Ländern umzusehen, in Marokko gar ein neues Leben aufzubauen, wenngleich sie sich auch einmal gewünschte hatte, dass Oumar nach dem Studium erst sie in ihrer großen Apotheke unterstützen, diese dann eines Tages selbst leiten und fortführen würde. Doch Mütter sind ihren Kindern immer ganz besonders eng verbunden und gerade ihren Söhnen, deren Gefühle, Wünsche und Hoffnungen Mütter häufig noch eher ausmachen, ja deuten können, als die Betroffenen selbst es realisieren. Mutter rief Oumar an und bat ihn, in dieser ihren gesellschaftlichen Stand nun sehr belastenden Situation, aber auch um das Seelenheil des Vaters wieder herzustellen, nach Hause zu kommen und sich dort dem Rat der Familie, erst dem Vater und dann den Ältesten zu erklären, insbesondere aber eben auch den Irrtum zu erklären und gemeinsam zu beten, die Moschee zu besuchen, sich zu reinigen und Gott ihm vergeben zu lassen, denn Allah ist groß, und keine Verfehlung eines Gläubigen würde dieser nicht vergeben. Entscheidend jedoch war eine Läuterung, ein gemeinsames Leiden in der Familie, aber auch ein gemeinsames Neugeborenwerden, eine Auferstehung vom Südenfall hin zum gehorsamen Gläubigen. Die Herstellung der Ehre.

Oumar folgte dem Ruf der Mutter. Wenngleich er wegen der Kürze des Arbeitsverhältnisses keine Chance sah, um einige Urlaubstage nachzusuchen, so plante er ohnehin nur für zwei Tage an einem der kommenden Wochenenden nach Hause zu fliegen, nicht um dort Abbitte zu leisten, aber in der Hoffnung der Liebe seines Vaters zu ihm, um Verständnis zu bitten, für eine Lebensform, die weniger eine Wahl zuließ, im Gegenteil eine unabänderliche Veranlagung war und er wollte auch darauf hinweisen, dass eben jener Gott ihn so erschaffen hatte, wie er war, Allah, der zwar enge Rahmen in der persönlichen Entfaltung setzte, zudem aber viele Wege führen und er wollte von Liebe sprechen, ausgerechnet jener Liebe aus dem Neuen Testament.

In den Wintermonaten liegt eine eisige Luft über Marrakesch, die gekühlt durch den Schnee auf dem Hohen Atlas sich Nacht für Nacht die Berghänge hinunter in die Stadt bewegt und dort jegliches Leben erstarren lässt und denen, die allein geblieben sind noch mehr von jener Einsamkeit vermittelt, die unabhängig von der Religion, von der Rasse, dem Alter und der Bildung nur durch Liebe überwunden wird und Menschen sich nahe fühlen lässt.

Kaum eine kulturelle Eigenart weckt in der westlichen Welt so viele Fantasien wie das Hamam. Dieses Dampfbad ist eigentlich eine römische Erfindung und wurde berühmt durch den nordafrikanischen Badeort der römischen Provinz Africa in Hammamet, dem heutigen Tunesien. Traditionell gehen noch heute die meisten Marokkaner in den Hamam, was nicht nur den Möglichkeiten zuhause geschuldet ist, sondern auch eine Art soziale Aktivität darstellt. Jedoch basiert diese Tradition nicht einfach nur auf der Reinigung, sondern eigentlich auf der Körper- und zudem auch der Pflege der Psyche. Sie stellt im eigentlichen Sinne eine innere und äußere Waschung dar. Öle und Massagen sind wichtige Bestandteile und machen den Hamam-Besuch zu einem kleinen Wellness-Erlebnis. Zeit spielt dabei keine Rolle. Ich lasse mich einfach fallen, spüre meinen Körper und mich, vergesse die vielen Alltagsgeschäfte, atme die feuchte, heiße Luft tief ein, kein Denken, keine Probleme, entspannende Musik, orientalische Gerüche und das Gefühl, ganz eins mit mir zu sein.

Abdullah und sein Engel

Abdullah ist 25 Jahre jung. Damals, als er geboren wurde, waren seine Mutter und sein Vater noch sehr viel jünger. Sie sahen keine Möglichkeit, das Baby zu behalten und großzuziehen und gaben es Freunden zur Adoption.

Vater und Mutter haben zwei weitere später geborene Söhne. Abdullah erinnert sich an die Erlebnisse seit dem 12. Lebensjahr, die wenigen, die ihn prägten. Er erzählt, dass im Islam gesagt würde, dass man Kinder ab diesem Alter körperlich züchtigen müsse, um sie zu erziehen und für Fehler zu bestrafen. Und Abdullah machte Fehler und wurde geschlagen, hart von seinem Vater geschlagen - und oft. Und er hörte auf zu probieren, wie Kinder es tun, zu versuchen, zu fragen, zu verstehen und gehorchte, so wie alle anderen vor ihm und alle Menschen die er kannte und mit dem Gehorchen gingen die Tränen. Die Schläge ersetzten die Zärtlichkeit. Keine Fragen nahmen die Hoffnung. Kein Probieren ein Leben. Dennoch wünscht sich der Sohn, seine Eltern glücklich zu sehen, haben sie sein physisches Leben doch erhalten.

Seine Blicke streichen über mein Gesicht, küssen meine Stirn, berühren meine Augenbrauen, die Wimpern. Sie sind so lang, glaube ich ihn sagen zu hören, wie die eines Mädchens. Er erschaut meine Wangen, berührt ganz zärtlich meine Lippen und erkennt die Farbe meiner Augen. Er blickt mich an, und seine Blicke erzählen mir von Sehnsucht, nach Wärme, Liebe und Geborgenheit. Die Sekunden vergehen nicht – Stunden lang. Und er sagt, wie glücklich er ist und eben dieses Glück scheint mir in seinen Augen zu leuchten. Du bist mein Engel, flüstern seine Lippen, mein Licht nach all den Jahren des Wartens, schweigt sein Mund zum ersten Mal in seinem Leben.

Als Abdullah von der Brücke stürzte, lächelte er. Er atmete tief ein. Sein Brustkorb hob sich. Dann schloss er seine Augen und fiel endlos tief – und immer nur in meine Arme, und seine Tränen kamen zurück und ein ganzes Leben war ein Tag und dieser Tag war Abdullahs Leben.

Vaudeville

Gerade wurde in Agadir wieder ein älterer Mann ermordet. Beate sagt, dass es wieder so ein schwuler alter Sack gewesen sei, der sich Jungs von der Straße geholt habe. Diese Jungs aber sind nicht schwul, sondern nutzen die Chance, um Geld zu verdienen oder Schwule auszurauben. Beate sagt auch, dass sie kein Mitleid für diese Typen empfindet.

In Marrakesch sind vierzehn Männer in ihren Wohnungen oder Häusern umgebracht worden. Auf der Straße hört oder in den Zeitungen liest man, dass diese Leute sich das Leben aus Liebeskummer genommen hätten, manchmal liest man auch, dass es zu einem Streit zwischen dem marokkanischen Liebhaber und dem Touristen gekommen sei. Marokko ist damit das Land weltweit, wo sich die meisten Homosexuellen Männer zwischen sechzig und siebzig aus Liebeskummer umbringen und parallel dazu gleich auch ausgeraubt werden. Beate nimmt diese zynische Bemerkung zur Kenntnis. Die Mehrzahl der Sex-Touristen in Marokko ist heterosexuell. Viele ältere Männer aus Europa ziehen in das nordafrikanische Land, nutzen die Angebote der endlosen Massen weiblicher Prostituierter oder heiraten eine weitaus jüngere Frau. Darin sieht Beate kein Problem, wenn sie sich denn lieben würden.

Der Türsteher im Vaudeville begrüßt mich mit Handschlag. Er freut sich sichtlich, dass er durch meinen Besuch seine Englischkenntnisse wieder auffrischen kann. Die meisten Gäste sind Franzosen oder Marokkaner, Engländer sind selten zu sehen. Ich bin der einzige Deutsche. Das Restaurant wirkt in seiner Ausstattung etwas kolonial. Überall erinnern gerahmte Fotos an Stars und Sternchen, die einmal hier zu Besuch gewesen sein könnten, natürlich nicht waren, Marrakesch-Besucher sind eher Public Relations, ganz selten nur Wirklichkeit. Das wissen die Inhaber des Vaudeville, dass wissen die französischen Gäste, die wenigen Engländer und auch ich. Die Marokkaner jedoch glauben immer noch an den Mythos Marrakesch. Und wir, wir lassen uns in die Tage glanzvoller französischer Weltherrschaft verschlagen, genießen die überwiegend französische Küche, delikat, beste Qualität und preislich unter denen in Pariser Restaurants. Auch das ist sonst nicht üblich in Marrakesch.

Gardinen verhängen die Fenster. Die Beleuchtung schafft eine intime Atmosphäre, bequeme Sitzbänke und Stühle wechseln sich. Die Tischdekoration ist schlicht gehalten, dafür sind die Wände und Säulen vollständig behangen. Der Raum ist nur teilweise überschaubar, man sieht jedoch jeden, der kommt, alle die vielleicht wichtig sein könnten oder von Interesse. Viele sind es nicht. Das Personal ist für hiesige Verhältnisse ungewöhnlich gut geschult. Service ist selbst in den besten Hotels der arabischen Welt unüblich. Zudem kommt noch, dass die meisten Mitarbeiter mehrsprachig sind, dezent und ein tatsächlich strahlend weißes Lächeln bieten. Das erstaunt umso mehr, weil es fast unmöglich ist, einen jungen Mann ohne Zahnlücken, ohne schwarze oder aber vergilbte Zähne zu finden. Die Zahnlücken entstehen, weil jeder Schmerz mit dem Entfernen des Zahnes geheilt wird, die schwarzen und gelben Stellen, weil kaum einer die Sinnhaftigkeit einer Zahnbürste und die der Zahncreme erkennt oder erkennen will, selbst dann nicht, wenn er die Utensilien als Geschenk erhält, Erläuterungen und Demonstrationen eingeschlossen. Körperpflege ist kein hohes Gut in einem Land, in dem die meisten Wohnungen keine Bäder aufweisen. Der wöchentliche Hamam-Besuch muss alles bewältigen, wofür man in Europa tagtäglich kämpft. Gerade im Sommer kann diese Tradition für die Umgebung quälend werden.

Bei den Inhabern handelt es sich um zwei Franzosen. Einer der beiden Männer ist sehr schlank, mit lichtem Haar und ca. Mitte fünfzig. Der Partner ist außerordentlich korpulent, etwa sechzig Jahre alt, sein Haar ebenso licht, gelernter Koch, spricht neben Französisch, Englisch und Deutsch. Er ist stets aufmerksam, begrüßt in der vermuteten Muttersprache, organisiert, leitet und dirigiert die Mitarbeiter. Er verbreitet Ruhe, väterlicher Fürsorglichkeit, fragt sofort nach dem

Befinden. Plaudert kurzweilig über die Geschehnisse in der Stadt, gibt Ratschläge, nimmt sich und das Leben leicht. Sucht ein Gast seine Gegenwart, dann reicht schon der Blickkontakt. Das Vaudeville erscheint wie eine Insel der Zivilisation in Marrakesch, einer Stadt, in der viele Menschen das Mittelalter beheimatet sehen. Dem ist nicht so. Traditionen und Denkmuster sind tausendfünfhundert Jahre älter.

Der Türsteher berichtete heute aus seinem Leben. Er war zuvor bei zwei Händlern als Sekretär beschäftigt. Dabei handelte es sich um zwei Engländer, die zusammen Waren aus Marokko ex- und englische Waren importierten. Der eine von ihnen lebt in London, der andere lebte in Marrakesch in einem Riad, einem traditionellen Haus im neueren Teil der alten Medina. Georg war ein Mann von fünfzig Jahren. Die Umstände in Marrakesch, die vielen Probleme beim Hauskauf und der Renovierung, die Korruption in den Behörden, der staatlich organisierte Betrug gegen ausländische Unternehmer, alles das hatte seine Spuren hinterlassen. Es sind die vielen kleinen Stiche, die mehr Schmerzen verursachen als ein harter Schlag, und die zudem ein Teil des eigenen Wesens werden. Während man einen Schlag immer noch als einen Vorgang sehen und womöglich darüber hinwegkommen kann, schleichen sich die Sticheleien über viele Monate und Jahre an, überwältigen unmerklich und verändern den Charakter oder die eigene körperliche und psychische Stabilität und führten bei Georg dazu, dass er einen Schlaganfall erlitt und daran verstarb. Mit dem Tod von Georg starb für den Türsteher allerdings auch die berufliche Zukunft, alle seine privaten Wünsche und Träume werden sich nicht mehr erfüllen. Nun musste er wieder neu beginnen, und da blieb der Job als Türsteher hier im Restaurant, wenig Geld, stetig auf den Beinen, nicht besonders anspruchsvoll, aber zuletzt immer noch besser als auf der Straße als Bettler, Dealer, Dieb oder Strichjunge zu enden, wie so viele andere am Maghreb.

Als die Haushälterin Georgs diesen regungslos am Boden liegen sah und sich versicherte, dass er nicht mehr am Leben war, rief sie einen Polizisten in der zentralen Polizeistation der Neustadt an, der ihr bekannt war. In recht kurzer Zeit war ein Lastwagen organisiert, und eine handvoll Kollegen des informierten Beamten räumten das Haus von Georg aus, luden alles in den Lastwagen, beschieden der Haushälterin, sich auch zu bedienen und riefen erst dann den Notwagen, auf den sie nun warten sollte. Dieser Vorgang wäre kein Einzelfall, erzählt der Türsteher weiter. In Marokko sind die kleinen Verbrecher auf der Straße, die großen bei der Polizei. Die Erben und der Geschäftspartner von Georg hatten wenig Glück. Zum Einen verkannte Georg zu Lebzeiten, dass das marokkanische Erbrecht sich vom europäischem stark unterscheidet, zum Anderen, dass er in Marokko und nach marokkanischem Recht hätte separat ein Testament aufsetzen lassen müssen. So endete das Drama Marokko für Georg tödlich und für den Geschäftspartner im Bankrott. Er bekam die Waren nicht, es war faktisch auch nichts mehr vorhanden, nicht die Firmengelder, weil ihm natürlich die Vollmachten fehlten, und er verzichtete zuletzt auf alles, wenn er nur nicht wieder nach Marrakesch reisen müsse. Den Erben des Hauses erging es nicht anders. Die meisten Möbel waren ohnehin schon fort. Die Abgründe der Auseinandersetzungen in Marokko um die Inbesitznahme des Hauses scheuten sie. Der Türstehender betonte noch seine Betroffenheit und flüstert, dass er sich schäme, ein Marokkaner zu sein. Und tatsächlich frage ich mich oft, ob der so aggressiv vorgebrachte Nationalstolz vieler Menschen hier nicht nur ein Reflex ist auf ein unvorstellbar ausgeprägtes Minderwertigkeitsgefühl.

Beate trägt heute ein leichtes, gelbes Kleid, das durch zwei zierliche Träger gehalten wird. Dabei handelt es sich um ein Modell aus einer älteren Versace-Kollektion. Die grelle Farbe des Stoffes ist mit vielen bunten Knospen und Blüten, auch mit abstrakten Tupfern und Flecken, einer wunderbaren sommerlichen Blumenwiese gleich, übersät. Diese sommerliche Frische hinterlässt in der Erinnerung das satte Grün einer

Landschaft, eben dieser Wiese, gemalt, vielleicht geträumt und mit geschlossenen Augen dann sogar duftend, nicht mehr das grelle, ja laut erscheinende Gelb, das einem schien, als stünde es mit dem Licht der Sonne in Konkurrenz, eine Auseinandersetzung, die es niemals hätte gewinnen können. Ein großes Tuch, vorn und hinten lang und spitz zulaufend, an den Seiten gegenteilig, einem Einschnitt gleich, locker um den Körper gebunden, gerade aus dem Pool kommend, das Haar offen, beim Gehen etwas tänzelnd, ein leichtes Schwingen in den Hüften, lasziv, zur Hotel-Bar schlendernd, um dort einen Martini auf Eis zu bestellen. Alle würden schauen.

Als Beate im Café erschien, schauten alle. Ihr Haar ist streng zusammengebunden. Die Augen werden durch eine Sonnenbrille von La Perla verdeckt. Sie bestellt einen Bananen-Split mit viel Sahne und sehr viel Schoko-Cremé. Sie will heute sündigen, sagt sie und verkennt dabei, dass das Versace-Gemälde bereits jetzt schon zwei Zentner bedeckt. Vaudeville ist ihr ein Begriff. Dass das Restaurant seit Monaten geschlossen ist, fiel ihr bis zuletzt nicht auf, obwohl es sich ganz in der Nähe ihrer Wohnung befand. Der korpulente, aufmerksame Teilhaber lebt heute noch in Marrakesch. Der schlanke Mitbetreiber jedoch hat sich das Leben genommen – Liebeskummer. Sein marokkanischer Stricher, der fünfunddreißig Jahre jünger ist, lief angeblich davon. Das nun soll ihm das Herz gebrochen haben, wenn es nicht das Messer des Strichers gewesen ist. Das aber weiß nur Allah und vielleicht noch einige Polizisten. Nachdem Beate das Eis vollständig gegessen hatte, zündete sie sich eine Zigarette an und schaute in Richtung des ehemaligen Vaudeville.

Chadidja – die erste Frau des Propheten

Sumatra liegt in Indonesien, und Indonesien ist das größte Land mit islamischer Religion weltweit. Hier leben so viele Menschen wie in allen arabischen Ländern zusammen. Chadidja stammt aus Sumatra, wo sie als Ärztin tätig ist und versucht, dort insbesondere den armen Menschen zu helfen. Sie ist religiös, und es ist für sie selbstverständlich, ihren Kopf mit einem Tuch zu bedecken, fünf Mal am Tag zu beten, für Arme zu spenden, sich an alle Regeln des Islam zu halten, so z.B. die einzige wirkliche Sehenswürdigkeit von Marrakesch, die erste dortige Koranschule, nicht zu besichtigen, weil dort aus dem Koran gelesen wird, Frauen somit keinen Zutritt haben. Eine Frau ist einem Mann nicht gleich im Islam. Chadidja ist eine Frau. Ihre italienischen Kolleginnen gingen allein und waren begeistert und verzaubert von den wunderbaren Mosaiken, Gipsarbeiten und Malereien, mit denen die Räume, die Decken, Wände und Holzarbeiten, die Böden oder auch die Ausstattung der alten Schule verziert sind. Sie berichteten später Chadidja darüber, die dafür aber keine Aufmerksamkeit mehr aufbringen konnte und mochte.

Chadidja spricht nur wenig. Zumeist strahlt sie Entspanntheit aus und lächelt ein Lächeln des Verständnisses. Anlässlich eines Ärzte-Kongresses besuchte Chadidja Marrakesch. Sie war zum ersten Mal in Marokko und natürlich an allem interessiert, was das islamische Bruderland zu bieten hat. Chadidja ist bekannt, dass es zwischen der indonesischen Ausprägung des Islam und der in der arabischen Welt einen großen Unterschied gibt. In Indonesien versteht man den Islam als eine Religion, die das Privatleben der Menschen prägt, keine Aggressionen kennt, keine Unterdrückung und auch nicht im Gegensatz zur Demokratie oder dem Fortschritt steht. Anders ist es in den arabischen Ländern. Die oftmals unausweichliche Härte der dortigen Interpretation oder des dortigen Auslebens der Religion erscheint ihr für Araber geschaffen, die offenbar seit vielen Jahrhunderten vorgegebene Herrschaftsstrukturen bedürfen, sich diesen unterordnen mögen und – anders als die

Menschen in Indonesien – rückwärts orientiert sind, nicht die Werte bewahrend und für die Zukunft leben, sondern zurück zur alten Größe wollen, die seit tausend Jahren nicht mehr vorbei und nicht mehr einbringlich ist.

Die Kolleginnen berichteten über die Schönheiten der Koran-Schule, doch Chadidja starrte an ihnen vorbei, schenkte ihnen keine Aufmerksamkeit. Ihre Augen waren feucht. Während eben dieser Besichtigung, der sie selbst ferngeblieben war, ging sie im Souk umher. Schon vom ersten Augenblick an, da sie den Eingang der Koran-Schule hinter sich ließ, wurde sie von einem Mann verfolgt. Er war betrunken, pöbelte lautstark und war sehr heruntergekommen. Es ging um Geld. Immer geht es in Marrakesch um Geld. Er schien sich als ein Touristen-Führer zu verdingen oder war vielleicht ein Bettler, wie es tausende in Marrakesch gibt, die überall herumlungern, die Ausländer um eine Spende angehen, manchmal handgreiflich werden, oft nur im Schmutz der Gassen sitzen oder liegen und von Allah sprechen, wenn man ihnen einen Dirham zuwirft. Allah segne Dich, rufen sie den ungläubigen Spendern zu, während die gläubigen Marokkaner nicht nur wegschauen, sondern von den Bettlern gar nicht erst um eine Spende angesprochen werden.

Der Verfolger gab nicht nach und war auch nicht zu beruhigen. Er folgte Chadidja sogar in die kleinen Läden, unterbrach die dortigen Gespräche und begann, sich sein Hemd auszuziehen, dann den Oberkörper frei zu machen, lautstark zu schimpfen und handgreiflich zu werden. Auch das ist in Marrakesch nicht ungewöhnlich, wo in der Medina tausende von jungen Männern mit Hilfe von Alkohol und Drogen in der Nacht jenes Licht zu finden hoffen, das ihnen aus der grauenhaften und jegliche Menschenwürde nehmenden Gegenwart heraushilft, einen Weg zeigt, den sie in der Religion nicht finden, den sie in der marokkanischen Gesellschaft nicht finden, den ihnen ihre Eltern, die wenigen Schulen oder Lehrer, die Politiker oder der König dieses Landes nicht vermitteln können. Nur mit diesen Drogen ist die falsch verstandene und ebenso falsch gelebte Tradition zu vergessen, nur mit den Drogen die Allmacht der islamischen Regeln, die so sehr im Kontrast zu allem stehen, was der marokkanischen Jugend Traum ist. Nur mit Alkohol und Drogen wird die Aussichtslosigkeit des Seins in diesem grauenhaften System der Korruption und Versklavung ganzer Generationen vergessen. Da spielt es keine Rolle, dass der körperliche Tod dem psychischen eben so schnell folgt, das die selbst zugefügten Schnittwunden manchmal tatsächlich tödlich enden, nicht nur sinnbildlich zur Auflösung führen. Chadidja hatte Angst und sie sprach Suren aus dem Koran, wieder und wieder.

Endlich gelang es einem Verkäufer, den betrunkenen Mann zu beruhigen, dessen aggressive, gefährliche Agitation nun plötzlich in eine sehr aufdringliche Freundlichkeit umschlug. Er stützte sich auf Chadidja, nahm ihre Hand und küsste sie, hielt sie sich an die Wangen oder an die Brust, packte Chadidja bei den Schultern, die sich vergebens wehrte und küsste sie wieder und wieder auf ihre Stirn. Chadidja weinte und war später nicht mehr für die Schönheiten der Arabesken, Mosaike, Malereien und Holzarbeiten zu gewinnen. Nun fühlte sie sich nicht nur schlecht, sie fühlte sich auch ebenso beschmutzt. Ihre Gedanken kreisten immer nur um ihre Religion und deren Regeln, von der hier in Marrakesch nicht viel zu spüren war. Ihr unbekümmertes und verständnisvolles Lächeln war von ihren Lippen verschwunden.

Association
Echamaa des

Die Stadt schläft

Erst kommen die Bettler, durchwühlen den Müll nach etwas Essbarem, dann die Katzen, in den frühen Morgenstunden der Müllmann. Manchmal frage ich mich, ob es mehr Mülltüten als Eingänge gibt, ob mehr Katzen als Mülltüten oder mehr Bettler als Katzen. Marrakesch schläft. Ihre Unterwelt nicht. Die Medina ist beleuchtet, die schmalen Gassen strahlen auf der einen Seite etwas Geheimnisvolles, Anziehendes aus, auf der anderen Seite auch Gefahr, Gefahr in Orange.

Der bestialische Gestank der Müllhaufen liegt schwer in den Nasenflügeln und wird nur durch den Gestank der Siele verdrängt. Die Tür der Moschee steht offen. Grelles Neonlicht. Der Mann scheint betrunken. Mit nur einem Schuh bekleidet, die Beine beim Fallen ineinander verdreht, sein Kopf auf dem Asphalt, geschlossene Augen, vielleicht tot, ganz sicher aber schon gestorben. Den Lichtstrahl, der aus der Moschee dringt und ihm die Hand zu reichen schien, konnte er nicht mehr erreichen. Ein Hund macht sich an seinem unbekleideten Fuß zu schaffen. Zwei Katzen gönnen einander nichts von dem Schmutz. Eine Straßenleuchte flackert, bevor sie völlig ausfällt. Zwei junge Männer werfen Schatten und gehen flink ihres Weges, einer mit, der andere ohne Vollbart.

Marrakesch schläft und während die Stadt das tut, spuckt sie ihre Reste aus. Erst aus einer Tür, dann aus einer weiteren gleiten hie und da junge Männer in die Gassen, schleichen umher, schauen sich laufend um, an den Wänden entlang, in gegen gesetzter Richtung zu den noch funktionierenden Lampen, ziellos, scheint es, Hände in den Taschen, manchmal auch mit einer das Haar durchkämmend, Blicke, keine ängstlichen, sondern welche, die Fragen stellen. Willst Du? Willst Du mich? Können wir heute Nacht zusammen sein?

Viele Autoren behaupten, in diesen Stunden die Erotik dieser Stadt zu erkennen, in der Gier nach schneller Befriedigung, dunkle Körper, dunkle Gesichter vor dunklen Mauern, ein schneller Blick, ein schnelles Einverständnis, kein Kuss, keine überflüssigen Berührungen, harter Sex, schnell, nötig, unbedingt, jetzt, nicht wieder erst morgen, ohne Zeugen, ohne Familie, keine Freunde, kein Gott, der ohnehin nur das zusammenhält, was schon lange nicht mehr existiert, eine arabische Nation, ein lang schon verwester arabischer Stolz, ganz traditionell ein Mann mit einem Mann, ein Junge mit einem Jungen, viele Onkel mit ihren minderjährigen Neffen, keine Erotik in den stinkenden Gassen, nur Lust und Gier und die Hoffnung auf Befriedigung, um die innere Explosion zu vermeiden. Die Dusche spült das Verbotene weg, manchmal reicht auch schon ein Taschentuch. Alles vergessen, noch bevor der Muezzin zum Morgengebet ruft.

Der große Platz ist geräumt. Keine Garküche mehr, keine Stände. Dem Wind gelingt es nur schwer, Schmutz, Papier oder Plastiktüten vor sich her zu treiben. Viel kräftiger ist das Fett, das alles zusammenhält, an den Boden fesselt, auch die Obdachlosen, die in ihrem Urin liegen, von denen man nicht weiß, ob sie am Morgen erwachen, ob sie bereit oder in der Lage sind, dem Muezzin zu folgen und das erste Gebet zu ihrem Gott zu sprechen, dem einzigen Gott und Mohammed seinem Propheten.

Marrakesch schläft, und doch scheint dieser Schlaf nicht zu regenerieren, Kraft zu geben für einen neuen Tag, der unweigerlich kommen wird, noch vor dem Sonnenaufgang und nach den Müllmännern, nach den ersten Polizei-Kontrollen, nach dem Wegtragen eines Toten, nach dem Rückzug der Katzen, nach dem Verschwinden des Mannes vor der Moschee und dem Schließen der Tür, nach der sexuellen Notdurft junger Männer, die viele Touristen als Erotik missverstehen, nach dem ersten von fünf Gebeten, nach der ersten von tausend Lügen, nach dem Traum, es würde sich etwas ändern, nach einem letzten Hoffen, oftmals nach dem Aufgeben.

Wenngleich es sich bei Marokko um ein eher von Stein und Wüste bedecktes Land handelt, so ist es aber bei genauerem Hinsehen auch sehr vielseitig. Das ist nicht nur an den vielen unterschiedlichen Kulturen, die hier ihren Einfluss nahmen, oder in der Architektur zu sehen (Römer, Berber, Araber, Portugiesen, Spanier oder Franzosen), den vielen Landschaften und unterschiedlichen Klima-Zonen (Atlas-Gebirge, Wüste, Steppe, Oasen, Wälder, Mittelmeer und Atlantik), sondern auch an der Vielseitigkeit der Küche. Sie setzt sich aus unterschiedlichen Koch-Traditionen zusammen, jüdisch, ebenso afrikanisch, islamisch und südeuropäisch. Die arabischen Beduinen verwendeten Datteln, Getreide, Brot, natürlich Milch und Gewürze wie Kardamom und Koriander. Die Mauren hinterließen der marokkanischen Küche Olivenöl und Mandeln sowie Kreationen aus Früchten. Von den Berbern stammen die Gerichte Tajine, Couscous und Harira. Bei Tajines handelt es sich um Schmorgerichte aus Fleisch, Geflügel, Fisch und Gemüse, die in Tongefäßen zubereitet werden. Im Laufe der Jahrhunderte kamen Salate hinzu, Teigtaschen mit unterschiedlichen Füllungen, aber auch Gebäck und Süßigkeiten.

Meine Köchin, Nadira, eine füllige junge Frau mit strahlenden Augen und einem ebenso strahlenden weißen Lächeln, beherrscht die marokkanische Küche und sorgt sich täglich um mein Wohl. An warmen Tagen reicht sie mir um die Mittagszeit gekühlte Salate aus klein geraspelten Karotten oder Gurken in Orangensaft, etwas Zucker und einem Schuss Rosenwasser, am Abend auf der Terrasse oder am Brunnen kleine Spieße aus Lamm, Huhn und Rind auf offenem Feuer zubereitet, Kefta, nach frischem Koriandergrün duftend, mit Fladenbrot oder allerlei Salate in kleinen Schälchen zubereitet, ein in Öl und verschiedenen Gewürzen eingelegtes Brathuhn und an manchen Tagen Couscous mit frischem Gemüse und Lamm.

Der Masseur

Issam stand plötzlich in der Tür. Es war spät am Abend. Es war dunkel. Die Sonne ging vor Stunden unter, dennoch war ihre Wärme in der Luft zu spüren. Die Mauern des Hauses gaben die gespeicherte Hitze des Tages ab und zeigten wenig Interesse daran, abzukühlen. Sträucher, Büsche, Bäume und Blumen wurden von der Dunkelheit gefressen, und selbst der wunderbare Sternenhimmel über Afrika war nicht zu sehen. Noch herrschte auch der hauchdünne Sahara-Sand, der von den wenigen Winden über den Hohen Atlas getragen wurde, alle Blicke versperrte und der Dunkelheit noch mehr Dichte verlieh.

Issam verdient sich sein Geld als Masseur. Er hat natürlich keine wirkliche Ausbildung genossen, wurde aber von jemandem angelernt, der selbst niemals ausgebildet, sondern ebenso nur angelernt wurde. Issam ist ein schlanker, ja dünner, 24jähriger Mann, mit schmalen Händen und Füßen, langen Fingern und langen Zehen, knochigen Gesichtszügen, großen, dunklen und traurigen Augen. Er ist kein schöner Mensch. Issam ist auch kein starker oder mutiger Mann. Wenn er nicht gerade schläft oder nach Kunden Ausschau hält, dann trinkt er oder nimmt Drogen, versinkt in eine Scheinwelt, in der er die Chance hat, stark genug zu sein, um in einer Gesellschaft wie der in Marokko zu überleben. Millionen junge Menschen haben keine andere Chance, keine reale Möglichkeit in einem Land, in dem es kein Sozialverhalten, keine Mitmenschlichkeit, kein Mitleid zu geben scheint, geschweige denn Gerechtigkeit. Es herrscht Staatsreligion, gilt das Wort des Propheten, doch eben das können die meisten Menschen, gerade auch die jungen Menschen, nicht lesen. So bleibt nur die Vermutung, dass Gott mit dem Stärkeren ist. Gelebte Gegenwart am Maghreb. Gestorbene Wirklichkeit für dessen Jugend.

Issam fehlen die Schneidezähne. Das geschah, als er im Rausch stürzte. Vielen Menschen hier fehlen die Zähne. Es fehlt aber auch das Geld, um sich diese richten oder ersetzen zu lassen.

Es gibt keine wirklich funktionierende Krankenversicherung. Wer nicht bezahlen kann, bekommt keine gute ärztliche Behandlung. So sterben Mütter und Väter, deren Kinder, Jugendliche und deren Geschwister, so Gott will. Allah ist es, der für alles die Verantwortung übernimmt. Allah, der den Weg zeigt, der Gerechtigkeit schenkt oder versagt, das Leben gibt oder nimmt. Issam schenkte er die Hölle und nahm ihm das Leben. Dafür straft sich der Mann und fügt sich regelmäßig mit einem Messer Schnittwunden in die Unterarme zu.

Manchmal sind die Messer nicht scharf genug. Issam muss dann mehrere Male ansetzen, um die Wunde so tief ins Fleisch zu ziehen, dass sein warmes Blut langsam aus ihr heraustropft oder als Rinnsal an seinem Unternahm entlang läuft, sich kurz vor dem Ellenbogen sammelt, um dann den darunter liegenden Boden einzufärben. Dieser Versuch, Aufmerksamkeit zu erzielen, hat sich bewährt. Issam hat viele Schnittwunden. Davon berichten die vielen Narben.

An diesem Abend nun stand er in der Tür. So wie der Sahara-Sand den Glanz der Sterne nahm, so nahm Issam das Licht der Leuchten auf der Terrasse. Mit den zwei Messern in seinen Händen gab er seinen Forderungen einen unübersehbaren Nachdruck. Er sprach über seine Probleme mit der Familie. Er sprach über seine Schulden, die hohen Kosten für Rauschgift und Alkohol. Er sprach über die Enttäuschungen in seinem Leben, über seinen letzten Freund aus Frankreich, über die vielen Versprechungen der Deutschen aus Berlin und Köln, aus Frankfurt oder München. Aber alle ließen ihn allein. Er habe Anspruch auf Annahme, Zärtlichkeit und Liebe. Entscheidend sind die inneren Werte. Nur die zählen, keine Äußerlichkeiten. Ein Nein kann es nicht geben. Ein Nein darf es nicht geben. Er zog sich bis auf die Unterhose aus.

Neben den vielen Schnittwunden an den Armen waren nun auch dunkle Flecken auf der Haut zu sehen, Brandwunden, Narben, die von Einstichen erzählten, abgerissene Fußnägel, verätzte Hautstellen. Dieses Mal wollte Issam selbst einmal die

Situation bestimmen, sich nehmen, was ihm zustand, demütigen, erniedrigen, benutzen, so wie er es an sich in der Familie und in seiner Kindheit kennen gelernt hatte und nun durch die Touristen, die Franzosen und eben auch die Deutschen aus Berlin und Köln, aus Frankfurt oder München, die so viel versprochen haben und doch nichts eingehalten. Immer nur Hoffnungen wecken und nehmen, zuletzt eben selbst die Hoffnungen wieder mitnehmen. Da bleibt dann nichts mehr.

Um zu beweisen, dass es ihm ernst war, schnitt er sich erneut in den Arm. Er zog seine Gesichtsmuskeln zusammen, doch kam kein Laut über seine Lippen. Dunkles Blut entwich der Wunde, sammelte sich am Ellenbogen und färbte den Boden ein. Er nahm sich eine Zigarette und schaute in ein erstarrtes Gesicht, in ängstliche Augen, auf einen zitternden, nackten Körper und konnte seine Erektion nicht mehr verbergen. Wie oft hatte er selbst diese Ängste? Wie oft zitterte er um sein Leben? Wie oft hatte man ihn schon gedemütigt, wie oft schon seines Lebens beraubt?

Issam warf den Rest der Zigarette auf den Boden. Sie glühte weiter. Hintereinander stehend hielt er ihm das Messer an die Kehle. Sein Blut tropfte nun langsam auf den Oberkörper seines Opfers, erst auf die Schulter, dann lief es langsam dessen Brust hinunter. Er roch metallisch. Mit dem zweiten Arm griff er fest zu. Seine Stöße schmerzten, und schon nach wenigen Minuten stöhnte er leise, presse die Körper aneinander, drückte das Messer fest gegen die Gurgel, fühlte sich frei, fühlte sich als Gewinner und ließ langsam von dem anderen ab. Dieser weinte. Er weinte wie ein Kind und er weinte so, wie Issam einmal weinte, früher einmal, als er noch Tränen hatte, heute hat er nur noch sein Blut.

Wenige Minuten nach einem Telefonat klopfte es wild an der Tür. Issam öffnete. Einer seiner Freunde betrat das Haus und gemeinsam sammelten sie kleinere Gegenstände ein, die sie tragen und womöglich verkaufen konnten. Sie tranken Whisky aus einer mitgebrachten Flasche, fühlten ihre ebenso mitgebrachten Beutel, drohten wiederzukommen, gingen und hinterließen die Gewissheit, dass in Marokko der Tod zuhause ist.

Der Geschichtenerzähler

Gerti ist verheiratet. Sie hatte sich vor Jahren schon von ihrem Ehemann getrennt. Er sagte, Gerti wäre ihm in der gemeinschaftlichen Beziehung eine zu starke Persönlichkeit gewesen und fühlte sich dadurch bedingt immer einem gewissen und niemals nachgebendem Druck ausgesetzt, dem er zuletzt, nach dem Aufbau seiner Firma, nach der Volljährigkeit der gemeinsamen Tochter und nach der Sicherung eines gemeinsamen Wohlstandes nicht mehr standhalten konnte, aber eben auch nicht wollte. Diese Erkenntnis führte zur Trennung, jedoch nicht einfach weg von Gerti, sondern hin zu einer jungen Türkin, keiner wirklichen Frau, doch eher einer Tochter, die nicht nur weniger stabil in ihrer Persönlichkeit erscheint, damit verbunden auch weniger auf ihren väterlichen Partner einwirkt, sondern die zudem alle sexuellen Vorlieben und Freuden heute noch mit ihm teilt, die gerade bei Männer in einem bestimmten Alterszeitraum immer wichtiger werden, hat man sie ein Leben lang rücksichtsvoll beiseite geschoben, ja verborgen gehalten, manchmal sogar vergessen, wenngleich Gertis Ehemann von Zeit zu Zeit sich diesen mit unterschiedlichen Frauen oder eben Töchtern hingegeben hatte, diesmal aber sehr endgültig, hatte er doch ein Tabu gebrochen – er nutze für diesen Ausflug in die körperliche und geistige Freiheit das gemeinsame Schlafzimmer. Gertis Ehemann und damit der väterliche Freund der jungen türkischen Tochter hatte vergessen, und doch gelang es von einem Tag auf den anderen, sein Langzeitgedächtnis wieder vollständig herzustellen, zumindest soweit es eben diesen Bereich des Vergessens betraf, und einmal war es Gerti dann zuviel und zudem am falschen Ort.

Gerti lebt in Marrakesch als Teil einer nur zwanzig Personen ausmachenden Deutsch sprechenden Gruppe, für die sie mehr und mehr zum Mittelpunkt des gesellschaftlichen Lebens avanciert und von denen sich alle einmal im Laufe eines kurzen Zeitraums auch bei ihr einfinden, nicht zuletzt, um die neuesten Informationen auszutauschen, mochten die richtig oder falsch sein, das ist jedermann bekannt, Gerüchte erhalten sich nicht am Leben, ginge es um ihre Wahrhaftigkeit, auch, um in gewisser Weise zum Umfeld dieser wirtschaftlich nun endlich unabhängigen Frau zu leben, ein bisschen von dieser Gelassenheit selbst zu erfahren, ein bisschen aber auch, um sie zum eigenen Umfeld zählen zu dürfen, geht es hier weniger um inhaltliche Attribute. So auch heute.

Gerti lebt das überwiegende Jahr in Marrakesch, wenngleich es ihr eher selten vorkommt, vergeht die Zeit doch im Fluge, und während ihrer anfänglichen dortigen Besuche in einem Riad-Hotel lernte sie einen Mann kennen, der eigentlich alle Voraussetzungen hatte, der dritte Lebenspartner zu werden, der endgültige, denn Gertraud, so ja eigentlich der bürgerliche Name, befindet sich in einem Alter, in dem man sich weniger mit der Vergangenheit, dafür um so mehr mit der Endgültigkeit auseinandersetzt. Da Gerti finanziell bereits durch die ersten Ehen versorgt wurde, spielten wirtschaftliche Aspekte bei einem neuen Partner zwar keine wichtige Rolle, doch fühlte sie sich von der Aura und dem Ambiente dieses älteren Herren dennoch angezogen, eines Blaublüters aus Belgien, im engen Verwandtschaftsverhältnis zum dortigen Könighaus stehend, damals in einem Palast aufgewachsen und heute in einem solchen lebend, wenn auch nicht im kalten Brüssel, so doch im warmen Marrakesch und nun nicht mehr mit Prinzen und Prinzessinnen, sondern mit ihr, Gertraud, einer einfachen Frau, die es weit gebracht hatte, nicht allein durch die Inanspruchnahme der Ehemänner, wenngleich mit der Trennung vom letzteren vieles zusammengebrochen war. Das gilt aber nicht für die finanziellen Möglichkeiten, auf die regelmäßige Erwähnung dieses Umstandes legt sie viel wert, fast als Ausgleichsgewichtung für sonstige abhanden gekommene Attribute oder Eigenschaften, nicht allein die Jungend, die schon so lange vorbei ist, ein fröhliches Gemüt, das es womöglich nie gegeben hatte, eine Unbeschwertheit im Umgang mit anderen, die die Lebenserfahrung und der eigene Charakter verbunden mit dem Umgang im sozialen Umfeld im Laufe der vielen Jahre des Kampfes um das eigene Wohlbefinden ausgelöscht hatten. Doch das alles war nun vergessen. Einem gewissen Stand entsprechend zog sie in das gemeinsame Palais zu eben diesem neuen Gefährten ein, bekam neben ihm selbst auch noch eine unbegrenzte Zahl an neuen Bekanntschaften geboten, Gäste kommen und gehen, tausend Geschichten und Erlebnissen, und wenn auch keine andere Persönlichkeit, so doch den Eindruck eines ganz anderen, neuen Lebens, das das schon so lange und ermüdende zuvor ersetzt und dann noch die Hoffnungen auf körperliche Kontakte, deren Genuss schon fast in Vergessenheit geraten war, nicht jedoch deren Bedeutung für die Psyche eines jeden Menschen, also auch für sie.

Als Gerti Katharina kennenlernte, berichtete diese ihr sogleich von einem Erlebnis, in einer Gasse, draußen in der Medina, zwischen den hohen Mauern, die so geschlossen und ausladend wirken und hinter denen sich soviel Gemeinschaft verbirgt, eine von ihr immer begehrte familiäre Intimität, die Geborgenheit schafft und bei der man beruhigt jegliche Verantwortung für die Umstände des Alltags ablegen kann, eigentlich gar die Verantwortung für sich selbst, existieren hinter eben diesen so abweisenden Mauern auch Herrschaftssysteme, in denen man als Frau weniger eine Gesprächspartnerin als eine Leibeigene darstellt und zu Diensten sein muss, gebraucht und genutzt werden als einziger Lebensinhalt einer von diesen Sehnsüchten aus der Schweiz in die wunderbare Welt des arabischen Stammesältesten und des so sehr alles bestimmenden Islams getriebenen, kleinbürgerlich erzogene Frau aus der Mitte der so kleinen und gut sortierten Schweiz.

Wie immer schlich sie auf der Suche nach einer neuen Möglichkeit, die Tage in dem bisschen Schatten, den die Sonne, mehr aber die dicht Bebauung der Medina zulässt, zu fristen oder einem kleinen Job zu finden, denn zuletzt war der erste Ehemann selbst Muslim, lebte am Rande der Wüste und eine Trennung, gar Scheidung war ganz unakzeptabel, und es war auch klar, dass eine solche, wenn schon nicht mit dem Tod oder einer Verstümmelung der Sklavin, wie in anderen so typisch islamisch-arabischen Ehe-Dramen in vielen Ländern üblich, doch auf jeden Fall niemals mit Unterhaltszahlungen begleitet sein würde. Bei Geld hört dann schnell jeglicher Anstand auf, oft weit vorher. So schleicht Katharina durch die Gassen und hört plötzlich wie aus dem Nichts kommend, fast unheimlich, die leisen Schritte eines hochgewachsenen Mannes, gekleidet in dunkler traditioneller marokkanischer Djellaba, unbehaart am Kopf, mit weißem Vollbart, älter aussehend, herrschaftlich wirkend, ein marokkanischer Herr, der gar nicht aus Marokko stammte, ein geborener Christ, der zum Islam übergetreten war, ein Weltenbummler, der hier Großes zu bewirken schien, ein Mann eben, der so gar nicht den erotischen Vorstellungen Katharinas entsprach, deren Darstellung in ihren Träumen und Hoffnungen immer und immer in einem sehr kompakten, sehr schwarzen auch, sehr muskulösen und alles in jeder Hinsicht überwältigenden Körper endeten und nur wenig zu tun hatte mit der schweizer Glücksseeligkeit, aber eben deswegen doch gerade auch ein Grund, ein Mann aber, der durch seine Statur und seine Art des Sprechens Katharinas volle Aufmerksamkeit auf sich zog, in der so engen Gasse, in der die Mauern so hoch und abweisend sie, diesen Herren und dessen jungen Begleiter, alle drei nun zu einer ganz intimen Gruppe werden ließen, einer Schicksalsgemeinschaft. Denn Katharina ahnt nicht nur, Katharina versteht sich auch als Seherin. Nun, so berichtet Katharina, wird sie für diesen Herren arbeiten, als Hausdame, ja, in seiner Touristen-Anlage, in den vielen Fluchten der verschachtelten Bauten, der Häuser und Gärten, der Terrassen und Salons, der vielen Düfte und Farben und natürlich der Geschichten aus 1001 Nacht, in denen sich jemand wie Katharina schnell verlieren konnte, manchmal schon verloren hatte und nun davorsteht, es wieder zu tun, wenngleich auch im Schatten dieses erhabenen Herren, der auch eine gewisse Sicherheit und Geborgenheit ausstrahlt und zuletzt als Partner sicherlich auch in Frage kommen könnte.

Katharinas Erzählung fesselte, ja füllte den Raum, der zuletzt selbst Gerti hinauszudrängen suchte, bis diese der Träumerei der Seherin ein Ende setzte, träumte sie schließlich auch nicht, was ihr heute jene Sicherheit verschafft, die Katharina niemals haben würde, wenngleich auch keine kompakten schwarzhäutigen Liebhaber, denen man alles gibt, mehr noch verspricht, denen man zum Teil des eigenen Lebens und des Familienverbandes wird, als alte Frau in einem Land, in dem Sklavinnen jung gekauft und geheiratet werden und ältere Europäerinnen eher eine Mitgift versprechen, die Gerti mitbringen könnte, ihre Ehe macht es möglich, nicht Katharina, dafür aber käme Gerti niemals in diese Situation. Katharina war sehr fröhlich. Gerti nicht. Wieder war ein Tag gewonnen, während Gerti das Gefühl hatte, ihre Tage sind verloren und werden zudem immer weniger.

Und auch Barbara kommt ursprünglich aus der Schweiz. Als Kleinunternehmerin in der Reisebranche hatte es ihr Marokko vor vielen Jahren angetan, nicht allein Marokkos Landschaft, nicht allein der afrikanische Zeitablauf, sondern auch die hier alles bestimmende Dominanz der teilweise sehr reizvollen jungen Männer, mit den sinnlichen Lippen, mit den zierlichen Fingern, wenn sie noch jung waren und ungestüm, mit den schlanken, aber doch wohlproportionierten Körpern, den schönen, starken Nacken, diejenigen jungen Männer eben, die überall sofort zur Stelle sind, freundlich lächelnd, oftmals ohne Zähne, immer ein Kompliment auf den Lippen, sich rührend kümmernd, Stärke vermittelnd, aber in Wirklichkeit eher ihre Stärke suchend, denn das, was man Barbara in der Schweiz nachsagte, die sie sich schon in einem gewissen Alter befand, war umgekehrt hier ein gewolltes Gut, Stabilität, Kraft, Dominanz, alleinstehend sowieso und dann noch das so unmissverständlich ausgestrahlte Gefühl, dass sie verantwortlich sei für jeden, selbst gegen dessen Willen. Und das mag man in arabischen Kulturen, einen verantwortlichen Menschen, wenngleich Allah zuletzt auch über alle Wege wacht, so war es natürlich gleichviel günstiger, eine tatsächlich starke Person um sich zu haben, die die Verantwortung im Alltag dann auch wirtschaftlich in der Realität übernimmt. Faktisch der verlängerte Arm dieses so weisen Gottes. Wenn auch ganz anders als bei Katharina im Ergebnis, so ergab sich in Marokko für Barbara eine neue Chance, all ihre Wünsche und Träume zu verwirklichen, wer will nicht um seinetwillen geliebt werden, auch im schon fortgeschrittenem Alter und wenn nicht in Marokko, dann eben in Mali? Liebe geht bekanntlich nicht ins Detail, und die Suchplattformen im Internet eben auch nicht. Das weiß Barbara, das wissen die Männer aus Marokko und Mali, das weiß Gertraud natürlich und Katharina würde es wissen, hätte sie die dazu nötigen intellektuellen Möglichkeiten.

Barbara arbeitet nebenbei, wie bald alle Menschen in Marra–kesch, in einem Hotel, einem Palast gleich und sorgt dort für eine gewisse Schweizer Ordnung, für die Organisation der Abläufe, für Service an den Gästen, für die Zimmer und Suiten, für das Restaurant und natürlich nicht zuletzt auch für die Mitarbeiter, denn einer von denen hatte es ihr angetan. Als der Inhaber Barbara in sein Haus holte, genoss selbst dieser stattliche, hochherrschaftliche Mann die Fürsorge und Bereitschaft der Schweizerin, sich um die Dinge zu kümmern, wenngleich er natürlich viel weniger den sozialen als viel mehr den wirtschaftlichen Aspekt ihrer Tätigkeit bevorzugte, bevorzugte Barbara zuletzt die Zweisamkeit mit dem Masseur, einem hübschen, sensitiv wirkenden, eher dümmlichen jungen Mann, dem Barbara viele gut zahlende Kunden versprach, nichts anderes hätte er von ihr nehmen wollen, der ihretwegen dem Hotel nun den Rücken kehrte, zusammen mit ihr, und dem sie zuletzt nur sich offerieren konnte, was dem so hübschen, sensitiv wirkenden, eher dümmlichen jungen Mann jedoch nicht die Erfüllung versprach, die seine Hände, auch auf dem Körper von Barbara, hätten bringen können, ginge es eben nicht um Barbara. So ist das in Marokko. So ist es in Mali, wo die Aussteuer über das ganz private Glück entscheidet und ein Versprechen eben kein Versprechen allein ist und bleiben darf, sondern eine Zukunft und ein Wert, für den sich junge Männer auch mal hingeben. Und so ist es mit den vielen Frauen reiferen Alters aus der Schweiz, aus Deutschland, aus Österreich, Frankreich oder aus Belgien.

Da ist Liliane ganz anders gestrickt. Sie hat schon frühzeitig und ganz entgegen ihrer Schwester einen Mann gesucht und gefunden, nachdem ihm die erste Frau abhanden kam, sein Geschäftspartner war auch auf diesem Gebiet sehr rege, der nicht nur streb- und arbeitsam war, der zudem auch noch schwach genug erschien, um ihn zwischen körperlichen, aber auch psychischen Forderungen immer in einer Spannung zu halten, die ihn vorwärtstrieb, selbst dann noch, wenn er glaubte, alles das erreicht zu haben, was er sich für sein Leben vorgestellt hatte, damals, als er ohne Eltern und deren fürsorglicher Erziehung aufgewachsen war und viel später dann die so dominante und alles beherrschende Pfarrers-Tochter von gemeinsamen Freunden vermittelt bekam, die nun heute sein Leben bestimmt, eigentlich ja nicht wirklich sein Leben mehr, was die Frage aufwerfen könnte, ob es sich bei den Freunden wirklich um welche handelt. Doch Fragen stellen sich dem Ehemann schon lange nicht mehr. Zudem ist es auch nicht sein Talent, Antworten zu finden.

Lili, so lässt sich Liliane gern nennen und so nennt sich Liliane auch selbst, Lili und Klaus lernten während ihres Aufenthaltes in Marrakesch einen Historiker kennen, einen Kunstsachverständigen auch, jemanden der sich mit der Geschichte Marokkos gut auskennt, mit Kunst und Handwerk, mit eigentlich allem Schöngeistigen, basierend auf einer langen Familientradition, in die er hinein geboren war, auf strenge schulische Maßnahmen und den vielen folgenden Studien, womit Liliane und Klaus eher selten in ihrem gemeinschaftlichen Leben in Berührung kamen, auch vorher nicht, ein Mann, der seinen Zuhörern seine gesamte Aufmerksamkeit schenkt, allerdings auch deren verlangt, was Liliane sehr entgegen kam und natürlich auch Klaus, für den dieses Bemühen selbst eine Atempause mit sich brachte, eine vor dem Einwirken seiner Frau, die niemals müde genug werden konnte, um Klaus deutlich zu machen, dass es keinen Weg zu einer eigenen Persönlichkeit zurück geben würde, nicht solange sie und im Rücken der Pfarrers-Vater eben ein Teil seines Lebens sind, was noch lange anhalten sollte. Gemeinsam Aufgebautes verbindet oft mehr als der Schwur bis zum Tode, so wahr Gott einem eben helfe. Klaus hatte manchmal das Gefühl, dass die Hilfe Gottes in eine völlig falsche Richtung geriet.

Sie lernten gemeinsam einen Herren kennen, der sie in die Geheimnisse des so aufregenden anderen Daseins der Marokkaner einführte, ihnen die Umstände des hiesigen Lebens verdeutlichte und auch als Investmentberater für offenbar sexuell nicht ausgelastete Ehefrauen, nach Aufbau der Firma, der Fertigstellung des gemeinsamen Hauses, der Erzeugung der beiden gemeinsamen Söhne, dient. Hätte es diesen Kunsthistoriker, den Sachverständigen für marokkanisches Allerlei, hier nun Immobilien in Marrakesch, nicht gegeben, die Begegnung erschien ihr fast wie ein Geschenk des Himmels, wäre Lili, wären Lili und natürlich Klaus, als Teil der Lili, nicht hier, nicht bei Gerti, dem zentralen gesellschaftlichen Anlass der Wüstenmetropole, zumindest für die wenigen mitteleuropäischen Frauen mit deutschen Sprachkenntnissen, die sich alle unterschiedlich verdingen, doch zuletzt auch dasselbe suchen und zu finden hoffen, jene Frauen - keine Damen. Sie wären auch nicht stolze Besitzer eines überteuerten, aber dennoch sehr schönen kleinen Hauses in der Medina, ganz in der Nähe von Gerti, die nun ein eigenes Haus bewohnt, in der Nähe von Katharina, die in einer Ruine eines Freundes aus alten Tagen ihre Heimstatt gefunden hat, ganz nahe auch am Wirken des Kunsthistorikers und Sachverständigen, verbunden mit dem wunderbaren Gefühl, nach dem Ehemann, den beiden Jungs und einer Menge Personal sowie zwei anderen Ferienhäusern nun ein weiteres Kind in die so sehr gewünschte Großfamilie einzugliedern, die ihren Hauptsitz in den neuen Bundesländern fern aller weltlichen Aktivitäten unterhält, wo sonst, nur hier ist die Flucht eines Mitgliedes dieser Gemeinschaft faktisch unmöglich, nur hier ist ein Fremder auch gleich besonders, ohne viel dazu leisten zu müssen, ein weiteres Kind, wieder ein Ferienhaus eben, auch wieder etwas, das man seinem Willen entsprechend gestalten konnte. Und auch Klaus und die Kinder waren zufrieden, denn ein neues Objekt der Begierde entlastet alle drei umgekehrt auch von der Leidenschaft der Mutter, alles um sich herum mit einer gewissen Bauernschläue, die ihre intellektuelle Einfachheit gut überdeckt, zu beherrschen und ihr selbst ähnlich zu verformen. Dieser Sachverständige ist nun eine wunderbare Bereicherung im Dasein der Familie, eine Art Hebamme, ein Mentor, ein nützlicher Kontakt, worauf Lili immer großen Wert gelegt hatte, weil ihr Bedürfnis nach mehr einfach nicht zu stillen war. Da sind Kontakte viel wichtiger als Freundschaft. Immer schon, sonst wäre sie nicht in dieser Ehe.

Als der Geschichtenerzähler nach Hause kam, war er müde, nicht allein wegen der brennenden Sonne im marokkanischem Hochsommer, nicht wegen der vielen Fußwege in einer Stadt, die zu einer Zeit errichtet wurde, in der nur die eigenen Beine, Esel, Kamele oder Maultiere als Fortbewegungsmittel bekannt waren und die sich bis heute nicht so richtig weiterentwickeln mochte, auch nicht wegen der vielen Menschen, die er Tag für Tag in seinem Riad-Hotel begrüßte, versorgte, insbesondere aber unterhielt, mit den vielen Berichten aus seinem Leben, einem Leben, das zuletzt doch immer die besten Geschichten erzählte. Sie sprudelten nur so aus ihm heraus, war es schließlich seine große Begabung, war es sein von ihm selbst gestaltetes Dasein, war es der Grund, warum er Frauen in den Gassen kennen lernte, andere traf, die für ihn arbeiten wollten, gar arbeiteten, wieder andere, die ihn als Lebenspartner erträumten oder gar welche, die ein Teil eben dieser ganz großartigen Geschichten durch Kauf eines kleinen Anwesens durch ihn vermittelt sich zu Eigen machen wollten. Als er nach Hause kam, fiel er in die Arme seiner ebenso von ihm erschaffenen großen Liebe, einem jungen Mann mit dem Namen Abdullah, dem Namen des Vaters jenes Propheten, dem sich der Geschichtenerzähler vor einiger Zeit zugewandt hatte und zu dessen einfacher, aber doch stringenter Lehre er konvertierte, jenem Propheten, dessen Gedenken der hiesige Liebhaber Abdullah lange schon im Alkohol ertränkt hatte, der nun tief und heftig in ihn eindrang, sodass zwischen ihm und dem Geschichtenerzähler nicht einmal mehr Platz für eine gekaufte Wirklichkeit blieb, eine Wirklichkeit, die im Spannungsfeld der Geschichten und Wahrheiten kaum noch

Platz ließ, niemals gelassen hat, für eben das, was er immer suchte, zu spät erkannt, niemals gelebt und nun nachholend, in einem Land, das nicht das seine war, in einer Religion, an die er nicht wirklich glauben konnte, in einem System, das alles erlaubt, wenngleich auch verachtet, aber in dem auch er die Möglichkeit hat, den ganz einfachen menschlichen Bedürfnissen zu folgen, sich nicht zu verlieren in den vielen Gemächern seiner Kindheit, den vielen Titeln und Rängen seines Standes, dem Bildungsbürgertum, mit dem er als Antiquitätenhändler so oft in unterschiedliche Epochen gereist war, einer Zeitmaschine gleich, bis er nicht mehr wusste, war er selbst der Herzog, der Fürst, ein Prinz oder waren es nur die Möbel, die aus solchen Besitztümern stammten? War er blauen Blutes, den Königen Belgiens gleich oder einfach nur der Dienstbote verzweifelter Adeliger, die ihr Inventar verkaufen mussten? War er ein Herrscher in einem Herrschaftshaus in Marokko oder doch nur jemand, der durch viele Möglichkeiten es verstand, eine Mauer der nächsten nachzusetzen, bis ein Ensemble entstand, in das so schnell die Wahrheit nicht mehr eindringen konnte, aus dem heraus jedoch auch kein Entrinnen mehr war, sich jenen Sultans-Palast schuf in einer Stadt, in der es schon lange keinen Sultan gibt und auch keine Herberge für einen eben solchen?

Die letzten Stöße des jungen Mannes ließen jedoch alles vergessen und verschafften dem Geschichtenerzähler jenen Genuss und jene Freude, die nun einmal einen hohen Preis fordert, eben auch jenen Preis, den er selbst zahlt, wenn sich seine Berichte aus seinem Leben negieren, so wie sich die Menschen um ihn herum davon machen, wäre da nicht diese wunderbare Geschichte eben dieses jungen Mannes, die der Geschichtenerzähler sich als Liebe erzählt, die der junge Mann als Verdienstmöglichkeit betrachtet, die aber auch alles wieder gerade rückt, die vielen unterschiedlichen Charaktere der hier lebenden Ausländer auf immer und nur die eine Suche reduzieren, auf jetzt, auf keine Vergangenheit, auf keine Zukunft. Immer nur auf jetzt, den Einheimischen gleich.

Mutters 10 Gebote

Teo ist 14 Jahre alt. Seine Eltern besitzen in der Altstadt von Marrakesch ein kleines Haus, das sie im Urlaub selbst nutzen, in den Wochen und Monaten dazwischen vermieten. Für sein junges Alter ist der Junge weit entwickelt, intelligent zudem und hat, bedingt durch die tägliche Auseinandersetzung mit der Mutter, aber auch durch die Auseinandersetzung zwischen Mutter und Vater eine Reife erlangt, die ihn der Umgebung immer auch ein bisschen als zu jungen Erwachsenen erscheinen lässt. Wenngleich Teo auch der jüngere von den beiden Brüdern ist, so lebt in ihm viel mehr der Wille zum Widerstand, zum Durchsetzen seiner eigenen Interessen, zum Widerstand gegen alle bürgerlichen Verhaltensmuster, insbesondere aber gegen die Gebote der Mutter, die zuvor Gott Moses mit auf den Weg gegeben hatte, um ihn und sein Volk hinaus aus Ägypten zu führen, Teos Großvater und Pastor seiner Tochter mitgab, um ihr die Basis für ein ehrfürchtiges, aber auch gutes Leben zu garantieren, und die diese Tochter an ihren Ehemann, den älteren und nun auch den jüngsten Sohn weiterreicht. Mit der Weitergabe dieser Gebote veränderte sich ihre Geschichte, verblasste mit den Generationen die Herkunft, war Moses vergessen, waren all jene vergessen, die dieses Werk weitergetragen hatten zum Großvater, zur Mutter und nun zu Teo. So reduzierte sich die Tradition und die Interpretation dieses Regelwerkes immer auf die derzeitigen Lehrer und ihre Väter und wurden nach und nach ein sehr individuelles Verlangen nach Gehorsam und Folgsamkeit der immer nächsten Generation im Sinne der Alten. Und trotz seines Widerstandes waren eben diese Regeln der Mutter, die für alle beteiligten ebenso Norm sind, wie sie der Mutter selbst niemals Grenze oder Einschränkung waren, nun auch ein Teil der moralischen Wertvorstellungen des Jungen, gegen die er sich heute noch wehrt, die er in veränderter Form jedoch einmal weiterreichen wird, als wären es die seinen, die er nun, seiner Mutter und dem Großvater gleich, selbst derart interpretiert und formt, dass sie ihm gereichen und aus den Geboten sich immer für die anderen Verbote gestalten.

Und so wird klar, dass nicht ein Gott den Menschen nach seinem Ebenbild erschuf, sondern tausend Menschen tausend Götter.

Heute war es dann wieder soweit. Teo brach aus, ertrug die Enge in dem nach außen hin mit dicken Mauern befestigtem kleinen Riad in der Altstadt von Marrakesch nicht, die auf der einen Seite ein bisschen Freiraum gegen die ohnehin schon überall herrschende Enge dieser Stadt boten, dieser Freiraum jedoch allein dazu diente, die Mutter aufzunehmen und alle anderen Familienmitglieder entweder zu verschlingen oder einfach ausspie. Den Vater und den Bruder verschlang sie. Teo wurde ausgespien, aus dem Haus und in die Gasse, fort in die nächste dieses niemals enden wollenden Labyrinthes, hin zu einem kleinen Platz, dort durch ein Tor und in immer enger werdende Wege, die sich zwischen dem Häusermeer verloren, um plötzlich vor einer Tür zu enden, manchmal ganz unerwartet eben auch der richtige Hauseingang, dieses mal vor meiner Tür.

Auf dem Weg begegnete ihm ein etwa 30jähriger Mann. Er schien aus einer der zahlreichen Wände, die von allen Seiten in die Gassen drückten, herausgetreten zu sein und ging plötzlich hinter dem Jungen, der sich nicht ängstlich, aber überrascht von Mal zu Mal umschaute, einen um den anderen Blick wagte, um der Fremde auch ein bisschen die Stirn zu bieten und mit dem Überblick Sicherheit zu gewinnen, jene Sicherheit, die Mutter immer schon hatte und die in ihren Regeln festgeschrieben, nun diesen Jungen anleiteten und einmal ebenso sicher werden lassen würden. „Haschisch?“, flüsterte der Mann, „Haschisch, 100 Dirham.“ Teo lehnte ab. „Nur 100 Dirham, nicht teuer!“ „Nein, ich will nicht!“, antwortete Teo. „Jamal El Fna? Links und dann rechts. Ich zeige Dir den Weg.“ „Nein, nein, ich kenne mich aus. Ich besuche einen Freund.“ „Ich kann Dich ficken, 50 Dirham. Mein Schwanz ist hart.“ „Lass mich in Ruhe! Ich will nicht! Ich bin auch gleich da.“ „Gut, ich ficke Dich. Du zahlst nichts.“ Teos Schritt wurde immer schneller.

Die Gebote seiner Mutter, die zuvor die des Großvaters in leicht veränderten Form gewesen waren, die dieser nun von seinem Vater und die vielen Generationen zuletzt einmal von Moses mit auf den Weg bekommen hatten, bekamen eine weitere Deutung, als die Mutter den Verzicht auf Aufsicht mit dem Hinweis konterte, dass es sicherlich nicht so schlimm gewesen sein kann, und Teo fragte mich, ob alle Kinder mit 14 Jahren solche Erfahrungen machen würden.

NO PHOTO

Ausflug in die Vergangenheit

Rissani liegt in der Nähe von Erfoud in der Region Er-Rachidia. Hier am Rande der größten Sandwüste Marokkos leben etwa 21.000 Menschen. Die Stadt ist die alte Hauptstadt des Tafilalet. Ehedem war ihre Lage die Drehscheibe der Handelswege zwischen dem Norden und Süden, und damit erlangte die Stadt Bedeutung als Handelsmetropole und zudem Wohlstand. Hier finden noch heute die großen Markttage der Gegend statt, wenngleich der Glanz alter Tage schon lange im Dreck, im Schmutz, dem Gestank und dem Staub untergegangen ist. Man hat den Eindruck, als wäre die Siedlung auf einem Müllberg gebaut worden.

Hier jedoch ist das Herz der Dynastie der Alawiden, daher auch das Mauseleum des Gründers Moulay Ali Cherif am Stadtrand beheimatet, die im 17. Jahrhundert die Stadt und die Region, später Marrakesch und mehrheitlich das gesamte damalige Marokko beherrschten. Das wissen auch die Einwohner. Salah sagt: „Hier in diesem Ksar hat die Königsfamilie gelebt." Er zeigt den heruntergekommenen und zum größten Teil zerstörten Bau, in dem in einigen Räumen noch Familien zuhause sind. „Noch vor wenigen Jahren lebte ein Verwandter des Königs hier. Dann ist er jedoch nach Rabat umgezogen. Das kann ihm keiner verdenken. Alle würden wir gern dem Dreck und der Aussichtslosigkeit entkommen, aber wer hat schon reiche Verwandte in Rabat."

Salah sagt auch: „Wir haben die Versprechungen und Fernsehauftritte des Königs und seiner Berater satt. Er verspricht und verspricht, aber geändert hat sich nichts. Das bisschen Geld, was in die Stadt fließt, geht an die hier in der Verwaltung sitzenden Araber und bei denen versinkt es in den privaten Taschen. Alles ist korrupt. Nichts kommt bei den Leuten an. Sieh Dich um. Es ist ein Dreckloch. Es stinkt. Es ist alles kaputt. Es gibt hier keine Zukunft."

Gleich hinter dem Markplatz in einer der Seitenstraßen wohnt Salah. Ein Haus neben dem anderen. Baugruben. Müll. Steine. Schlaglöcher. Natürlich kein Asphalt, geschweige denn Bürgersteige, wie auch in einem Land, in dem im eigentlichen Sinne keine Bürger leben. Mitten auf der Straße steht ein Zelt. Eine Hochzeit soll stattfinden. In den primitiven Hütten und Häusern kochen die Frauen, bereiten das Festmahl vor, stellen das Geschirr, soweit vorhanden, zusammen, putzen und schütten Dreck und gebrauchtes Wasser auf die Straße. Alle Frauen des Dorfes und die älteren Mädchen sind vollständig in der traditionellen Kleidung versteckt, schwere Wollkleider, in schwarz, bunt verziert, Vollschleier. Es muss heiß sein und ermüdend. Salah sagt: „Das ist hier die Tradition. Wir Männer wollen die Frauen nicht um uns. Sie sind dumm. Sie gehören ins Haus. Sie sollen sich um das Essen und die Kinder kümmern. Und man kann sich an denen befriedigen. Aber das kann man mit den hübschen Jungs auch. Frauen haben kein Recht zu leben wie wir. Sie haben überhaupt keine Rechte. Das ist gut so. Das war schon immer so. Lange bevor der Islam kam. Da wurde es nur festgeschrieben. Sie sollen uns dienen. Und das wollen wir auch nicht ändern. Dafür kleiden wir sie in dieser Art und halten sie damit davon ab, das Haus zu verlassen. Bei der Hitze würden sie mit der schweren, schwarzen Kleidung umkommen.“ Aber haben denn die Frauen nicht auch das Recht, ein menschenwürdiges Leben zu führen? „Nein. Wir mögen die Frauen nicht. Sie sind keine Männer. Sie haben bei uns keine Rechte.“.

Ein etwa 10jähriges Kind erscheint in einer Gruppe von schreienden und ebenso vermummten Mädchen. Sie jedoch trägt offenes, langes, schwarzes und toupiertes Haar, stark rot geschminkte und vergrößerte Lippen, Lidschatten, Ohrenschmuck, lackierte Fingernägel. „Sie wird heute verheiratet. Der Vater ist sehr froh, dass er jemanden gefunden hat, der das Mädchen zur Frau nimmt. Ein dicker alter Mann. Aber Mädchen und Frauen kosten nur Geld und bringen nichts. Deswegen muss man die schnell loswerden. Und der Vater hat dem Bräutigam all sein Bares als Aussteuer mitgegeben, was er hatte. 200 Dirham (ca. 18 Euro). Das ist schlimm genug. Eigentlich müsste sich der Mann ein Maultier kaufen. Das braucht er für die Arbeit, kostet jedoch 600 Dirham. Die 200 Dirham fehlen der Familie nun. Der Alte kann das Mädchen jetzt benutzen, dafür muss er sie eben auch ernähren oder sie an Nomaden verkaufen. Außerdem kann man die jungen Mädchen besser erziehen und kontrollieren."

Marokko. Das fortschrittlichste Land der arabischen Welt zeigt sich im Alltag grauenhaft unzivilisiert, und das wird sich so bald auch nicht ändern.

Im Hotel hat der 20jährige schwarze Kellner dann noch eine Bitte. Er wünscht sich die Vermittlung einer „fetten, alten, weißen Frau, die ein Einkommen hat" und die er benutzen kann und die ihm dafür ein schönes Leben in Europa ermöglicht.

Die Dünen der Sahara beeindrucken. Sie verzaubern mit ihrer Ruhe, den unterschiedlichen Farben je, nach Sonnenstand und Schattenbildung. Sie ziehen die Blicke auf sich, Wellen im Ozean gleich, vom Wind gestaltet, auf und ab getragen, niemals endend und dem Horizont entgegen, hinein in die schwarze Nacht, in der nur noch die leuchtenden Sterne Orientierung bieten, für Menschen aus der zivilisierten Welt Romantik, für viele andere in diesem so großen Teil Marokkos schon lange keinen Weg mehr aus dieser nun doch entsetzlichen Dunkelheit.

Nach dem Abendessen entspannen meine Gäste und ich bei einem Glas heißen Minz-Tee und einigen Zügen an der Shisha, der traditionellen Wasserpfeife. Es ist dunkel geworden. Der Tabak-Rauch formt Gesichter in die Nacht. Mohammed entzündet Kerzen in den vielen farbigen Lampen, die an den Zweigen der Olivenbäume im Hof hängen oder am Bassin stehen, sich im Wasser spiegelnd, warmes Licht, das sich sachte die Nacht erobert, die Dunkelheit nimmt, mit der der sternenklare Himmel über Afrika mein Riad in Marrakesch einzuhüllen scheint. Youness überrascht uns. Er rollt einen Teppich aus, stellt einige Stühle auf und begleitet fünf Musiker in den Hof, die nun mit traditioneller Gnaoua Musik uns Geschichten erzählen, eintauchen lassen in die Mystik der Welt der Berber, die hier schon immer ein Teil des Lebens war und auch heute noch einen Platz im Alltag der Menschen hat.

Europas islamische Republik

Von einhundert Handwerkern, die ich im Laufe der Jahre meiner Anwesenheit in Marokko für Reparatur-Arbeiten beschäftigen musste, tragen sicherlich die Hälfte den Namen Mohammed. Aus diesem Grunde ging ich frühzeitig dazu über, sie zu nummerieren, da ich Zahlen oftmals besser erinnere und diese, mir erst einmal eingeprägt, sofort auch mit einer Situation oder einer Person in Verbindung bringen kann.

Anlässlich einer anstehenden Renovierung des Hauses lernte ich durch Vermittlung einer gemeinsamen Bekannten Mohammed 37 kennen. Sein Vater und dessen Vater trugen nicht allein denselben Vornamen, womit sie sich nur wenig von vielen anderen Menschen unterschieden, waren dafür aber als Kunstmaler und Stuckateure tätig, arbeiteten einst für Hassan II. an der Ausgestaltung seiner Paläste, dem Vater des heutigen Königs Mohammed VI., der bei mir die Nummer 7 trägt, von den Marokkaner M6 genannt wird, und Mohammed 37 nun wollte nach seiner Rückkehr nach Marokko ebenso in deren Fußstapfen treten und sich den islamischen Traditionen in der Baukunst widmen. Nicht, dass er, Mo37, die Könige Marokkos besonders verehrt. Nicht, dass er der Ansicht war, dass sie zu Recht die zahlreichen Paläste im Land unterhalten. Nicht, dass er überzeugt war davon, dass ein guter Muslim von einem König geführt werden müsse. Dennoch kam er ins Schwärmen, als er meinen kleinen Palast sah und erinnerte sich an die Jugendjahre, in denen der Vater ihn frühzeitig mit in die Werkstatt nahm, um sein Kunsthandwerk an seinen Sohn weiterzureichen. Mo37 interpretierte mir all die von mir ausgesuchten und angeordneten Dekorationen des Hauses, berichtete über deren Herkunft und die Qualität mit der sie ausgeführt wurden und war sehr erfreut, dass er nun, als eine Art Bauleiter, mit den von ihm zusammengestellten Handwerkern, dieses Schmuckstück renovieren sollte. Seine Geschäftsidee ist es nämlich, als eine Art Vermittler zwischen Handwerkern und Ausländern zu fungieren, nachdem Mo37 in einer islamischen Republik im Herzen Europas einige Jahre gelebt und studiert hatte und den Anspruch der dort lebenden gottesfürchtigen Menschen an Bau und Qualität kennengelernt hatte.

Vor einigen Jahren gelang es Mo37, ein Stipendium zu erhalten. So wurde sein großer Wunsch wahr, nun in Europas muslimischer Hauptstadt Islamwissenschaften zu studieren. Wie viele der aus arabischen Ländern stammenden und in Europa studierenden jungen Männer hat Mo37 sein Studium zwar abgebrochen, doch konnte er seinen Wissensdurst in vielerlei Hinsicht komplettieren, so durch das dortige Leben und Erleben. Mo37 fand schnell Kontakt zu seinen Glaubensbrüdern, die in unglaublich großer Zahl in der stark islamisch geprägten Stadt oder dem von ihm bewohnten Stadtteil lebten, aus dem er zudem aufgrund der Größe ohnehin nur selten hinauskam, die sich in Moscheen und Kulturvereinen trafen und dort über den Islam, über den Koran, über die Verbreitung der Religion, den Heiligen Krieg gegen die Ungläubigen und über die im Koran geforderte Gleichheit der Menschen und Gerechtigkeit untereinander diskutierten. Gehört das Reisen auch zur arabischen Tradition, so beließ es Mo37 beim intellektuellen Reisen mit seinen Glaubensbrüdern innerhalb, aber hauptsächlich außerhalb der Universität in den vielen Gebets- und Vereinsräumen, in den vielen Teestuben und zu Besuch bei den großen Familien, wenngleich auch getrennt nach weiblichen und männlichen Mitgliedern.

Heute diskutierten wir wieder einmal über die Missstände in Marokko, und Mo37 ließ sich nicht allein über die Verhältnisse in Marokko aus, sondern wusste auch zu erläutern, worauf diese Missstände basieren. Natürlich ging es um die Korruption, die Ungleichheit der Menschen. Es ging um die verkommenen Sitten und Gebräuche und darum, dass der Islam zwar offiziell als Staatsreligion anerkannt wird, jedoch in den Städten nicht nach dem Wortlaut des Korans gelebt würde. An der Spitze des Übels jedoch sieht Mo37 seinen Namensvetter, den König, der zudem nicht allein den Namen von Vater und Großvater, sondern auch des Propheten Mohammed trägt, zu Unrecht, so Mo37, der sich das Land einverleibt habe, unberechtigt, sich bereichern würde, die Korruption befördern und den eigentlichen Marokkanern, den Berbern nämlich, zu denen auch Mo37 und seine Familie zählt, die Möglichkeit nimmt, ihr Land, denn Marokko ist natürlich kein arabisches Land, dem Wort des Koran entsprechend zu entwickeln, so zu entwickeln, wie die demokratische islamische Republik entwickelt wurde, in der er vor einigen Jahren studiert hatte und wo er durch die dortigen Möglichkeiten und die Solidarität der Muslime untereinander ebenso wie viele andere Stipendiaten und Studierende auch davon überzeugt wurde, entweder aus der neuen Heimat heraus die Welt zu bekehren oder nach Hause zu gehen und dort nun an der Rückkehr der Muslime zum wahren Islam zu arbeiten, mit Überzeugungskraft und dem Wissen darum, dass in dieser Welt eine wahrhaftig islamische Gesellschaft existiert, oder eben mit Gewalt, so wie es der Koran vorsieht, wenn sich die Ungläubigen nicht zurück zur eigentlichen Religion hinwenden wollen. In seinem Gastland wäre alles anders und natürlich auch besser. Es würden soziale Gerechtigkeit und Demokratie herrschen. Die Armen würden unterstützt. Der Staat finanziere gar ihre Ausbildung, ganz anders als in Marokko und auch seine, ja er unterstütze geradezu die islamische Lebensweise, die Sitten und Gebräuche, im Studium würde gar dazu angehalten, diese auch im Gastland auszuleben, sie zu erklären, zu verbreiten. Die Menschen wären gleich vor dem Recht. Sie würden sich frei entfalten und zudem offen und ehrlich ihre Meinungen vertreten. Mehrheitlich wären die Frauen in seiner Umgebung selbstverständlich züchtig und zudem verschleiert, würden allemal ein Kopftuch tragen und sich auf ganz natürliche Weise in ihre Rolle einfügen, die der Koran für sie vorsähe, eine Rolle, in der sie weit hinter dem Mann ihren Pflichten nachkommen würden. Die Männer würden täglich fünfmal beten und gelesen würde nur im Koran oder Bücher, die sich mit eben dem Koran oder dem Islam beschäftigen. So ist es von Allah gewollt und von Mohammed seinem einzigen Propheten. Und selbst die Ungläubigen würden sich unterordnen, wären geduldet, wenngleich in Grenzen und in der Hoffnung, sie einmal auch davon überzeugen zu können, zum wirklichen Glauben zurückzufinden.

Mo37 hatte glänzende Augen. Er wollte ein Teil dieser islamischen Erfolgsgeschichte werden, kehrte nach Marokko zurück, so wie viele in Europa ausgebildete Islamisten in die Heimat zurückgehen oder direkt in die Ausbildungslager der Heiligen Krieger ziehen, um in der Kunst des Dschihad ausgebildet zu werden und dann weltweit für Allah zu kämpfen und wenn es sein müsse auch zu sterben. Mo37 wählte den ersten Weg. Er kehrte nach Marokko zurück und fand über das Internet mehr und mehr ehemalige Auslandsmarokkaner, die nun aus Europa zurückgekehrt Marokko in eine ebensolche islamische Republik verwandeln wollen oder aber eben von Europa aus den Dschihadisten weltweit jede Hilfe zuteil werden lassen, um das gemeinsame Ziel zu erreichen, das weitaus höher steht als ein weltlicher Staat, geht es hier um das Himmelreich auf Erden. Dem kann und darf naturgemäß kein weltlicher Herrscher vorstehen. Das ist den Gläubigen jungen und nun gut ausgebildeten Männern klar, und so kämpfen sie gemeinsam gegen den ungeliebten König, das ungeliebte System, gegen die Ungläubigen, aber auch für die Menschen, so wie es ihre Glaubensbrüder in Europa auch täten. Mo37 schloss sich einer solchen Gruppe an und hofft nun, dass auch Marokko die Unruhen erreichen, die nötig sind, um ein Regime wie das marokkanische zu stürzen und einen Gottesstaat zu errichten. Er auf jeden Fall wolle daran arbeiten.

Nach seinen Ausführungen brachte ich Mo37 zum Ausdruck, dass ich mehr oder minder mein gesamtes Leben in alle Welt gereist sei, die meisten der islamischen Länder besucht habe, selbst 12 Jahre in solchen lebte, aber niemals auch nur eines kennenlernte, in dem die Zustände derart vorhanden waren, wie er sie mir von seinem Gastland beschrieben habe. Ich selbst wäre in Deutschland groß geworden und ebenda, wenngleich auch keine islamische Republik, wenngleich auch mehrheitlich atheistisch und politisch laizistisch, da würden eben diese Zustände herrschen, vielleicht nicht ganz so traumhaft und hundertprozentig, doch auf einem guten Weg, und es schockte mich fast ein bisschen, als er konterte, dass es sich um sein Gastland nicht allein um irgendeine islamische Republik handele, sondern um Deutschland, wo er in Berlin in mitten von tausenden und abertausenden von Muslimen gelebt und studiert habe, Deutschland, der islamischen Republik, dem Tor des Islam zur westlichen Welt. Und Mo37 schaute mich ein wenig bedauernd an, der ich als Deutscher nicht einmal wusste, in welchem Land ich aufgewachsen bin, dennoch die Hoffnung hat, das auch ich einmal zurück zur eigentlichen Religion und dem einen Gott finden werde.

Die tausend kleinen Tode

Eine wirkliche Abnahme hat es für mein Haus nie gegeben. Ohnehin darf man in Marokko nicht von mitteleuropäischen Verhältnissen ausgehen. Die meisten Handwerker haben ihren Beruf nicht erlernt, nicht an einer Berufsschule oder in einem Betrieb, sondern wurden angelernt oder haben sich einfach zu dem Berufsstand ernannt, den sie gerade bereit sind auszuüben. Zudem sind die Schulen, die dortigen Lerninhalte oder die Universitäten nicht mit denen in den Industrienationen zu vergleichen. Marokko ist ein Land, in dem eine Mehrzahl der Menschen nicht lesen und schreiben kann. Man hört Lieder, die die älteste Kulturnation der Welt besingen, und damit ist das gerade 800 Jahre junge Marokko gemeint. Das ist die Schule, die die Kinder auf den Straßen bildet. Zudem erzählen die Alten von früher. Mit den Alten ist das Wissen. Die Jungen hören, übernehmen die Geschichten, dichten etwas hinzu und tragen sie weiter. Widerspruch ist keine auch nur angenommene Möglichkeit, der Jüngere ist immer auch der Gehorchende, derjenige, der folgt, der dient, dessen jugendlicher Instinkt, die Dinge zu bewegen oder zu verändern, etwas zu erreichen oder zu verbessern von Anbeginn abgetötet wird. Völlig gegen die Art des Menschen. Entwicklung unmöglich gemacht, was sich nicht zuletzt in den Regeln des Islam symbolisiert. So wird aus der Tradition der Polygamie, die Jahrtausende alt und zuletzt nichts anderes ist, als das Symbol dafür, dass der Mann über die Frau herrsche, nun plötzlich ein Gesetz des Islam, eines, das der Prophet im Koran festgeschrieben haben soll, obwohl nun wissenschaftlich belegt ist, dass eben dieser aus unterschiedlichen alten Schriften zusammengesetzte und um die Scharia ergänzt wurde, erst 90 Jahre nach seinem Tod entstanden ist, um im Kriegsfalle die Witwe der Armut und der Einsamkeit zu entreißen. Aus dem qualvollen Beschneiden der jungen Mädchen in Ägypten hat man sich auch im Laufe der Jahrhunderte eine islamische Vorschrift gesponnen, selbst die heidnischen Attitüden, die in Marokko aufgrund auch der überwiegend nicht arabischen Bevölkerung heute noch praktiziert werden, denkt man an die hier z.B. bei Hochzeiten typische Bemalung mit Henna, selbst diese werden zum Teil einer islamischen Lehre, von denen die meisten Menschen im Lande keine Ahnung, geschweige denn tatsächliche Kenntnis haben, sondern die ihnen immer mal von dem einen oder anderen, von den Eltern oder im Radio, vom Imam oder je nach Bedarf von den Herrschenden berichtet, einer Gehirnwäsche gleich eingebläut wird, zugeschrieben.

Die Mehrheit der Menschen hier glaubt tatsächlich, dass die Welt ihren Anfang mit Adam und Eva genommen hat, dass Gott die Welt in wenigen Tagen erschuf. Zudem glauben viele, dass in Europa eine Verfolgung ihrer Glaubensbrüder einen Glaubenskrieg rechtfertigt. Die Evolutionslehre ist hier kein Begriff. Faktisch interessiert es auch niemanden, denn mit der Aufgabe des Gedankens an den großen, unfehlbaren Schöpfer würde man auch gleichzeitig dessen Verantwortlichkeit nicht mehr erkennen, ja sogar selbst tragen müssen. Dann würden die Menschen in den Krankenhäusern oder auf den Straßen nicht einfach nur sterben, weil Gott es so will, sondern weil die Ärzteschaft Fehler gemacht hat, weil man selbst unvorsichtig im Straßenverkehr war, verantwortlich, schuldig. Schuld kennen die wenigsten. Es sind immer die Umstände, dann gleich auch schon der andere, zuletzt ist es so, weil Allah es so will. So verhält es sich im Berufsleben auch, soweit man davon überhaupt sprechen kann. Arbeiten müssen erst die anderen, bevor es einen selbst trifft. So versteht sich das Unternehmertum. Eigentlich ist jeder ganz ungewöhnlich im Land am Maghreb, und deswegen ist es den meisten auch nicht klar, warum sie nicht einfach – so Allah will – reich zur Welt gekommen sind, so wie die Europäer, die zudem nicht einmal Muslime sind. Die können eigentlich nicht viel mehr. Ihnen kommen die Umstände zugute. Außerdem leben die ja in einer anderen Zeit, in der Zukunft. In der Zukunft wird es in Marokko so sein wie in Europa, nein, es wird schöner sein, gerechter, besser. Dass die Zukunft bereits Gegenwart ist, dass der Entwicklungsvorsprung in Europa nicht stattfand, weil dort die Jahre schneller vergingen oder in der arabischen Welt einige Jahrhunderte ausgefallen, sondern weil die Menschen hier rückwärtsorientiert sind, so erzogen werden und zudem auch nicht wirklich die Lust auf Entwicklung verspüren, soweit diese mit harter Arbeit verbunden ist, das interessiert hier kaum einen, darüber denkt kaum einer nach. Noch immer ist die arabische Welt derart abgeschirmt, dass vielen gar nicht klar ist, dass es andere Leben gibt, gerechtere Systeme, menschenwürdige Gegenwart, hoffnungsvolle und erreichbare Zukunft. Und im Fernsehen der Außenwelt ist sowieso alles nur Propaganda.

Bisher habe ich in keinem Land gelebt, in dem Bildung ähnlich einer Krankheit auf der einen Seite gefürchtet, auf der anderen Seite allerdings auch bestaunt wird. Es ist nur ganz selten möglich, einen Haushalt zu besuchen, in dem sich auch ein Buch auftreiben lässt, selbst der Koran ist oft nicht vorhanden. Nie in meinem Leben war es mir möglich, mich mit nur hundert Worten über einen Zeitraum von drei Jahren zu verständigen, weil alle Bedürfnisse, die die Umgebung auch als bedeutend und tatsächlich für das Leben entscheidend annehmen mag, mit diesen wenigen Worten ausgesprochen und beschrieben sind. Marokko ist das Land, in dem der Zuhörer, soweit er aus den westlichen Staaten oder Asien stammt, an seinem Verstand zweifelt, weil er gelernt hat, den des Gegenübers zu respektieren. Marokko ist das Land, so glauben viele Menschen hier, das der Zivilisation als Basis diente. Hier entwickelt man Flugzeuge, hier baut man Schiffe, Autos, Computer, Telefone, Marokko, die intellektuelle und technische Fabrik der Welt, in jedem Fall hat man in Marokko die Vorarbeiten und die Entwicklungen bereitet, um der Welt zu eben diesen großen Errungenschaften zu verhelfen. Eine Unterhaltung grenzt oftmals an Körperverletzung, und es fällt schwer, zu begreifen, während um einen herum selbst die schlechtesten Waren und einfachsten Kopien noch aus Asien eingeführt werden müssen. Es erstaunt, wie es Menschen möglich ist, derart ignorant zu sein. Manchmal allerdings führt eine kurze Konfrontation bei dem einen oder anderen dazu, sich zu fragen, wie es nur sein kann, dass sich selbst die asiatischen Länder ohne Ölvorkommen schneller und weiter entwickeln, als es die arabischen getan haben und tun. In dem Augenblick allerdings ruft der Muezin zu einem der Gebete, an dem sich die Jugend fast vollständig nicht beteiligt, aber sofort daran erinnert wird, das Allah es eben so will. Punkt.

Youssef allerdings betet tatsächlich fünfmal am Tag, trägt einen Bart, traditionelle Kleidung, dankt dem Herrn stetig und ständig, liest wenig, weiß viel, denn mit dem Gebet kommt die nötige Bildung, und ist Elektriker, ein Beruf, den er nie erlernt hat, der ihm aber versprach, mehr Geld einzubringen und gleich nach der Allmacht Allahs glaubt Youssef an die Allmacht des Geldes, wenngleich manchmal auch die Reihenfolge durcheinander kommt. Damit steht er nicht allein. Nun versucht Youssef mir im Innenhof des Hauses zu erklären, warum die Zimmer im Erdgeschoss mit Fernseh- und Telefondosen versehen sind, aber diese nicht funktionieren. Youssef sagt, dass es die Tradition in Marokko sei, im Erdgeschoss keine Fernseher laufen zu lassen und auch nicht zu telefonieren. Er vergisst dabei, dass viele Häuser überhaupt nur ein Erdgeschoss haben und ein marokkanischer Haushalt ohne einen laut und stetig laufenden Fernseher überhaupt nicht denkbar ist, zudem Technik ohnehin keine Tradition in diesem sehr rückständigen Land hat. Schon am frühen Morgen werden die Geräte eingeschaltet und laufen systematisch bis spät in die Nacht, mal wird der Ton sehr laut gestellt, nur selten etwas leiser. Auf die Frage, warum es dann die Dosen in den Räumen und an den Wänden geben würde, weiß er, dass es sich um Dekoration handelt, die ja auch nichts kosten würde. Youssef irrt. Im Angebot waren die Ferseh- und Telefondosen im Erdgeschoss separat aufgeführt und zudem berechnet und bezahlt. Youssef wundert sich, dass ich widersprechen mag, denn Youssef irrt nie und zu seinem Nachteil schon gar nicht. Außerdem ist das ja auch unhöflich einem so gottesfürchtigen Mann zu widersprechen oder gar anzunehmen, dass er sich irren würde, geschweige denn lügen könnte, diese Vorgabe übrigens eine alte arabische Tradition. Da spielt die Tatsache keine Rolle mehr, dass die Leitungen auch im ersten Obergeschoss nicht verlegt wurden.

Natürlich wird er mir die verauslagten Gelder nicht erstatten, kaum ein Marokkaner würde das jemals freiwillig tun, aber er könnte versuchen, die Dosen mit Leben zu füllen, zumindest mit Kabeln. Dazu müssten dann nur die Wände aufgerissen werden. Schade, dass das Haus gerade fertig gestellt wurde. Natürlich kostet das alles viel Geld, und ich müsste das nicht nur bezahlen, sondern gleich auch den obligatorischen Vorschuss leisten. Ohne den fängt in Marokko kaum einer mit der Arbeit an. Nach Vereinnahmung des Vorschusses wird die Arbeit zumeist allerdings auch niemals fertig gestellt, wenn man nicht laufend Drohungen ausspricht oder mehr und mehr Vorschüsse bezahlt, bis im Ergebnis das Produkt oder die Leistung immer überzahlt sind, in keinem Fall wirklich zufriedenstellend fertig gestellt. Das Gefühl, betrogen zu haben oder sich zu schämen, ist keine typische marokkanische Charakter-Eigenschaft. Die Arbeiten verschlangen viel Zeit, die Wände mussten wieder verputzt und anschließend bemalt oder gefliest werden, und zuletzt funktionierte die Telefon- und Fernsehleitungen im Erdgeschoss immer noch nicht, eine Fernseh-Dose dort, eine Telefondose im ersten Obergeschoss, eine weitere im Büro ausgenommen. So rät Youssef mir, ein mobiles Telefon zu installieren und eine der beiden Dosen zu nutzen. Auch dieses Gerät könne er mir selbstverständlich verkaufen, bräuchte jedoch dafür einen Vorschuss.

Adil, ein etwas fülliger, ja offenbar noch ein bisschen mit Baby-Speck behafteter flinker junger Mann, kommt nun schon zum dritten Mal. Immer wieder und wieder funktioniert eine der acht im Haus befindlichen Klima-Anlagen nicht. Er öffnet die Geräte, stellt die Probleme fest, will die Zubehörteile besorgen, verschwindet und meldet sich nicht mehr. Alle acht Geräte im Haus sind neu. Leider aber handelt es sich um Ware, die vom Händler zumeist schon vor langer Zeit angeschafft wurde oder dieser von einem anderen Händler übernommen hatte, weil er selbst nicht in der Lage war, den Einkauf zu tätigen oder gar vom Hersteller oder Großhändler beliefert zu werden, verständlich bei dem hiesigen Geschäftsgebaren. Damit waren die Geräte zwar noch originalverpackt, jedoch bestand keine Garantie mehr. Dazu waren sie zu alt. Zudem hat es der Technik nicht gut getan, ungenutzt auf einer Baustelle zu liegen und dann noch viel zu früh montiert worden zu sein. Adil hat die Geräte beschafft. Er hat sie auch installiert. Er hat auch festgestellt, dass einige nicht funktionierten, aber außer ihm hat es eben kein anderer festgestellt, auch der Vorarbeiter Brahim nicht. So hat er sein Honorar vom Vorarbeiter erhalten und sich davon gemacht. Hier verdient es sich mit dem Vertrauen, der Naivität, ja der Dummheit der Kunden besser, als mit Arbeit, und Ausländer, ja Ungläubige, so auch die Heilige Schrift der Muslime, können natürlich mit ihren Mitteln, und sei es die Lüge, besiegt, in jedem Fall bestraft werden, und des Teufels sind eben die Nicht-Muslime und somit eben mit diesen Mitteln behaftet. Nach langem Hin und Her war Adil bereit, zumindest eines der Geräte zu reparieren, also für einige Zeit zum Laufen zu bringen, um anschließend wieder zu verschwinden, die Telefonnummer zu tauschen, um nicht mehr angerufen werden zu können. Er weiß warum. Andere Handwerker ziehen sogar um, um ungerechtfertigt eingenommene Gelder nicht erstatten zu müssen. Eher die Regel als die Ausnahme.

Nach Adil folgt Abdou. Auch Abdou hält sich wie Youssef oder Adil für einen begnadeten Elektriker, obwohl er eine klassische Schneiderlehre in einem Lehrbetrieb bei einem Verwandten väterlicherseits absolviert hatte. Aber genauso genommen ist er, wie viele Marokkaner, vielseitig begabt, ein Naturtalent, Leuchtmittel musste er zuhause oft einschrauben, und mit dem Beruf des Elektrikers war gerade auch auf dem Bau viel zu verdienen. Und in Marrakesch wird viel gebaut, die Korruption macht es möglich, und beide Seiten bedingen einander, in einem Land, in dem es keine Nachfrage für weitere Villen, Wohnungen oder gar Hotels gibt. Abdou sah nach Öffnen der Geräte sofort, dass bei zweien das nötige Gas fehlen würde, bei zwei weiteren Schalttafeln ausgetauscht werden müssten. Dafür verlangte und bekam er einen Vorschuss, denn diese Ersatzteile waren erst noch zu erwerben. Abdous Beschaffungsmaßnahmen zogen sich Monate hin. Er verbrauchte den Vorschuss für Lebenshaltungskosten, denn, anders war es ihm nicht möglich, sich und seine Familie zu ernähren. Das Geld könne er nicht zurückzahlen, aber er könne die Geräte reparieren, sagte er und verlangte dafür erneut einen Vorschuss, wenngleich die Arbeitsleistung dann anschließend auch nicht mehr zu bezahlen wäre. Die Geräte funktionierten auch weiterhin nicht, zudem log Abdou, ein Geschäftsprinzip der Handwerker in Marrakesch, den Preis betreffend. Allein der Vorschuss betrug mehr als das Vierfache der Ersatzteilbeschaffung. Adil und Abdou folgte erneut Youssef, der sich eigentlich für einen Experten auf dem Gebiet der Klimatechnik hält. Dann kamen noch zwei andere Empfehlungen und ein weiterer junger Mann, völlig runtergekommen und wie sehr viele Menschen hier schmutzig und aufdringlich riechend, dafür aber tauschte er erfolgreich bei einem der Geräte die Schalttafel aus. Im Gegensatz zu Abdou berechnete er nur die Hälfte für Lieferung und Leistung dessen, was Abdou als Vorschuss verlangte und erhalten hatte und war damit immer noch sehr teuer. Das irritierte mich. Abdou irritierte es nicht. Nun folgte Abedalatif, eine Empfehlung eines Hotelbesitzers, der in der Lage war, an zwei Geräten in wenigen Minuten die Kontakte zu richten und damit nach endlich neun Monaten die Probleme zu beseitigen, rechtzeitig zur Sommerhitze, die sich bereits im Juni mit über 40 Grad im Schatten ankündigt, zerstörte während seiner Arbeit dafür im Wege stehendes Kristall und verwendete eine Biedermeier-Kommode als Treppe, was bei dieser anschließend zu Reparaturarbeiten führte, ein niemals endender Kreislauf im Reich des Königs Mohammed VI.

In einem der Zimmer führte allerdings die Nutzung der Kühlung der Anlage zu einem Wasserschaden. Das Kondenswasser konnte nicht durch die vorhandenen Kunststoffrohre abgeleitet werden. Diese waren aus Zeiten des Baus so mit Bauschutt verstopft, dass es zu keinem Abfluss mehr kommen konnte. Ähnlich verhielt es sich zuvor mit allen Badewannen- und Waschbecken-Abflüssen. Alle mussten herausgerissen und erneuert werden. Das Kondenswasser der Klimaanlage suchte sich seinen Weg, hier nun direkt durch die Wände, die langsam fleckig und dann feucht wurden, anschließend Schimmel ansetzten. Abedalatif schlug daher vor, die Leitungen auszutauschen. Leider wäre dieser Vorgang mit größeren Baumaßnahmen verbunden, waren alle Leitungen im Haus auf meinen Wunsch hin verputzt worden. Hätten die Leitungen für acht Anlagen und über 16 Meter Höhenunterschied im Haus herumgehangen, wäre es ein Leichtes gewesen, sie zu reparieren oder auszutauschen. Der Gedanke bestach. Natürlich versprach er, die Arbeiten nicht nur günstig, sondern insbesondere sehr sorgfältig und kaum sehbar zu verrichten. Diese Leitung allerdings soll überputz verlegt werden, um auf größere Baumaßnahmen zu verzichten und zudem das traditionelle Tadelakt im hinter der Klima-Anlage sich befindliche Bad nicht mehr als nötig zu beschädigen. Natürlich waren anschließend wiederum größere Baumaßnahmen nötig, um alle Schäden zu beseitigen, die dieser Vorgang verursachte. So mussten zwei Wände des Bades vollständig abgeschlagen werden, um sie dann wieder neu und gleichmäßig mit Tadelakt zu bearbeiten. Nun stimmte die Farbgebung im Verhältnis zum Rest des Raumes nicht mehr, doch ich akzeptierte, um endlich wieder das Bad benutzen zu können und zudem, um weitere Ausstattungsgegenstände vor Beschädigungen oder Diebstahl zu bewahren. Denn ob es das Hauspersonal ist oder aber Handwerker, durch deren Anwesenheit ist fast durchgehend mit Schäden und Verlusten zu rechnen.

Nach Bauende wurden alle Siele in allen fünf Bädern ausgetauscht, da durchgehend aufgrund des schlechten Materials beschädigt oder die Abflüsse verstopft waren. Zudem konnte man in allen Wannen die Siele nicht verschließen, somit also auch nicht baden. Die primitiven chinesischen Badezimmer-Utensilien wie Duschköpfe wurden nach dem ersten Gebrauch durch den Wasserdruck faktisch gesprengt. Da auch bei der Installation der Wasserhähne nicht auf die richtigen Ausgänge in der Wand geachtet wurde, mussten die Zuleitungen der Hähne so lange verbogen werden, bis es dann in etwa mit den Abständen in den Wänden passte. Die restliche Differenz erledigte sich durch Gewalt. Mit dieser vom Hersteller nicht gewollten Veränderung ging ein stetiges Tropfen der Leitungen einher, deren Dichtungen natürlich nicht mehr passen konnten. So mussten alle Hähne in diesem großen Haus demontiert und neue installiert werden. Auch hier entstanden neue Löcher durch Bohrungen, es wurde Marmor abgeschlagen oder die Wände beschädigt, alles musste erneut ersetzt oder repariert werden, niemals endend. Nun begann ich zu begreifen, warum man in Marokko nicht bauen sollte. Die vielen Makler aus Frankreich und Spanien hatten es mir so oft doch gesagt.

Diverse Teile des Hauses, so die oberen Wandteile oder Decken der Bäder oder die Säulen im Haus, wurden mit Tadelakt verkleidet. Doch die Handwerker vergaßen die Versiegelung oder aber gingen bewusst vor Beendigung der Arbeiten und verzichteten einfach auf die Restzahlung. Eine häufige Methode, um sich so der Mehrarbeit zu entziehen, etwaige Garantie-Ansprüche nicht erfüllen zu müssen oder aber weil man den ursprünglich veranschlagten Betrag bereits erhalten hatte, also nichts mehr zu holen war.

Drei der sechs im Hause installierten Toiletten führten zu Wasserschäden. Zumeist wurde ohne Dichtungen gearbeitet. Woher soll das auch jemand wissen, der die in Marokko üblichen Toiletten kennt, in den Boden eingelassene Wannen mit einem Loch? Zumeist findet sich das Spülwasser in einem Plastikeimer daneben, soweit jemand für Wasser gesorgt hat. Da die Marmorverkleidung in den Bädern nicht abgerissen werden konnte, um den Schaden nicht zu vergrößern, mussten zumeist die angrenzenden Wände des Nachbarzimmers aufgerissen werden, um die Leckage zu lokalisieren und zu beheben. Auch hier war das Material derart billig und schlecht, dass es Risse hatte oder bei Einbau bereits alt und verrottet war. Solche Schäden finden sich erst, wenn die Handwerker das Haus verlassen haben, bedarf das langsame, aber stetige Durchfeuchten der Wände doch eine gewisse Zeit, ist dann aber auch flächendeckend und nicht mehr übersehbar. Der Vorarbeiter delegiert die Kontrolle an noch ahnungslosere Personen, zudem an Menschen, die selbst alles dafür tun, aus dem Projekt alles nur Mögliche herauszuholen. Es trifft keinen Armen, wenngleich auch das unwichtig wäre. Es trifft keinen Marokkaner, wenngleich auch das unwichtig wäre. Es trifft zuletzt keinen Muslim, wenngleich auch das im gelebten Islam nicht von Bedeutung wäre.

So verhielt es sich auch mit dem Springbrunnen im Kempinski-Salon, ein kleiner Traum für mich, ein Teil des großen Traumes, eines Lebens in einem Riad in Marrakesch, ein andalusisches Haus Andalusien gegenüber, im neuen Spanien. Wann immer ich an meine Kindheit denke, dann denke ich auch an ein schönes helles Zimmer, in dem auf einem schmalen Bett eine meiner Großtanten lag bzw. von uns angehoben zum Sitzen gebracht wurde. Diese unvorstellbar alte Dame, die sich allein nicht mehr bewegen konnte und eigentlich nur noch aus Knochen und Haut bestand, saß einem Springbrunnen gegenüber, der in der Mitte des Zimmers aufgestellt war. Darin befanden sich Zierfische, die von ihren Augen beim Schwimmen begleitet wurden. Es schien ihr immer eine große Freude zu sein. Wir erkannten in ihrem Gesicht Güte, aber auch etwas Kindliches. In Erinnerung an eben diese Gedanken ließ auch ich einen Brunnen in einem der Salons des Hauses einbauen. Doch immer nach zwei Tagen schien das Wasser verdunstet. Nach wenigen Tagen wurde deutlich, dass der Brunnen undicht ist. Das Wasser suchte sich seinen Weg und endete in den umliegenden, handbemalten mit wunderbaren Motiven in Blattgold verschönten Wänden, deren Putz abgeschlagen, die Wand trockengelegt und isoliert, anschließend wieder neu bemalt werden musste, möglichst mit den gleichen Farben, insbesondere auch mit gleich ruhiger Hand.

Doch so oft der Vorgang auch wiederholt wurde, nämlich den Brunnen abzudichten und zudem die Wände abzuschlagen, trocken zu legen und zu bemalen, so oft verlor der Brunnen sein Wasser, verlor mein Traum gegen die Wirklichkeit, verlor sich meine Freude, meine erhoffte Entspannung, verlor ich viel Geld, denn ohne einen Vorschuss ist kein Handwerker zur Arbeit zu bewegen. Die Renovierung hat dreimal so viel Geld verschlungen wie der Kauf des Anwesens inklusive aller Nebenkosten, kaum vorstellbar, allein davon ein Viertel, nachdem die Arbeiten am Haus offiziell abgeschlossen gewesen waren. Der Vorarbeiter ist nicht mehr aufzutreiben. Seine Anschrift unbekannt. Wie viele im Bau Tätige auch ein Betrüger. Das Gericht bemühen würde nur zu noch mehr Verlusten führen, zum Einen, weil die Anwälte, die Richter und auch noch die Zeugen zu bestechen wären, zum Anderen weil natürlich gegen Ausländer zusammen gehalten wird, weil zudem für hiesige Verhältnisse das Riad eine unglaubliche Veredelung erhalten hat, selbst in dieser hier beschriebenen Qualität nicht üblich. Zuletzt würden alle Sacheverständigen, Richter, Zeugen und Anwälte meinen, dass mit Wasserschäden in der Medina zu rechnen sei, für die Qualität des Materials der Vorarbeiter nicht die Verantwortung trüge, sondern der chinesische Hersteller. Man hätte meine Zahlungen über Mittelsmänner angenommen und den Gegner gewinnen lassen, der ebenso bezahlt hätte, aber natürlich ein Marokkaner ist. Die Verpflichtungen untereinander, die Abhängigkeiten sowie das Bestehen in dieser engen, keinen Freiraum lassenden Gesellschaft mit ihren sehr verlogenen und hinterlistigen Prinzipien lassen ein Ausscheren nicht zu, schon gar nicht zum eigenen Nachteil.

Dem Telefon, der Klimatechnik, dem Bassin, den Bädern und Wannen, Duschköpfen und Sielen folgten die Holzarbeiten, die falsch lackiert wurden, folgte das viele Tadelakt, das nicht nur die Bäder, sondern auch die Säulen, die das Haus tragen, ziert und das man zu versiegeln vergaß. In der Gästetoilette gab es keine Leitungen in der Wand, die Abflüsse gingen also ins Leere, in einer anderen nur eine verrottete. Wasser trat in beiden Fällen aus. Mehrere hundert Quadratmeter Marmor-Flächen wurden nicht geschliffen und versiegelt, so gut wie kein gebrauchtes Metall war rostfrei und musste nach und nach ausgetauscht werden, Holztüren schlossen nicht aufgrund der viel zu kleinen Größe im Verhältnis zum Rahmen, andere schlossen nicht, weil das Verhältnis umgekehrt war. Es folgten die vielen kleinen Accessoires, die teuer bezahlt sich als billigstes Material herausstellten und ausgetauscht wurden und dann noch ein falscher Stromzähler, ein für dieses Haus zu kleiner, ein Kampf mit dem einzigen Anbieter und den vielen sich als Elektriker verdingenden, der sich Wochen hinzog und zudem durch falsche Behandlung noch zu großen Schäden an den Waschmaschinen, Herden, am Kühlschrank und vielen Lampen im Haus mit Trafos führte, drei Fernseher beschädigte, einen Computer, das Telefon und die Internet-Box, eben alles, was keinen Starkstrom verträgt.

In diesen Wochen erkannte ich mich nicht wieder. Mir schien, als würden diese verkommenen Umstände nur dazu existieren, um einem fröhlichen Menschen, der ich einmal war, das Lachen abzuschneiden, die guten Gedanken zu nehmen, seine Freude am Leben, seine Freude am Kontakt zu anderen Menschen, seine Lebenslust und ihn so lange zu betrügen und auszubeuten, bis er hilflos alles freiwillig gibt, wenn er nur gehen, das Land verlassen darf mit dem, was er am Körper trägt und in einen Koffer unterbringen kann. Nie in meinem Leben war ich so böse, habe ich mir die Stimme genommen mit meinen Schreien, nie zuvor war ich so hasserfüllt. Niemals in meinem Leben wünschte ich einem anderen das Schlechteste, niemals war ich intolerant, niemals ein Rassist und fragte mich immer nur, was haben diese Leute aus mir gemacht und die Umstände in diesem Land und die schockierte Bemerkung einer Mitarbeiterin der deutschen Botschaft, wie ich so dumm sein könne, überhaupt in Marokko zu investieren, bekam nun einen Sinn. Zu spät.

Tausend kleine Tode. Manchmal habe ich Angst, am Morgen aufzustehen, das wunderbare Licht Afrikas in mein Zimmer fließen zu lassen, zu sehen, wie es sachte auf den Boden sinkt und langsam das Zimmer füllt, bis es mein Bett erreicht, es erklimmt und meine Augen öffnet. Ich sterbe tausend Tode. So schließe ich die Läden, decke selbst die Ritzen ab, drehe mich noch einmal um und wieder und wieder, versuche zu schlafen, versuche in keinem Fall nachzudenken, denke nach, schlafe darüber wieder ein, zwei Stunden weniger in Marokko,

Stunden weniger, die Probleme mit sich bringen würden, die Enttäuschungen bergen, weil es niemals ein Ende zu geben scheint, weil es keine Grenze gibt für Lügen und Betrug, Überfälle, Raub und Morde, da erscheinen die Tage im Schlaf jenen Frieden zu bergen, den ich gesucht habe, als ich hierher gezogen bin.

Ich wollte frei sein, nun endlich mein Leben leben, ein Zuhause schaffen, eines, das mich zurück bringt in meine Vergangenheit, ein Zuhause das dem meiner Kindheit gleicht, den weiten Kreis eines Lebens schließt und bin zuletzt gefangen in diesem Haus, zwischen Marmor und Glas, Silber, Gold und Kunstobjekten, handbemalten Wänden und Decken, Türen und Fensterläden, bin so gefangen, wie ich als Kind schon gefangen gewesen bin, in Syrien, in Damaskus, in der Koran-Schule, meine Mutter die Wärterin, mein Vater der Scharfrichter, in einem System, das seine Kinder tötet, in einem Land ohne Zukunft, zwischen Folter und Kriegen, verlorenen Kriegen, verlorenes Zuhause, verlorene Familie und keine Liebe. Ich starb meine Kindheit, und waren es zu Anfang noch Tränen, die mich fast erblinden ließen, so wurde es mit den Jahren mein eigenes Blut, das aus meinen Augen tropfte, zuletzt aus all meinen Poren trat, sich über meine Kleider und mein Bett ergoss, all die Zimmer füllte und mich zu ertränken drohte. Schwimmen erlernte ich frühzeitig, ohne Rettungsring; immer nur mit meinem Wissen, nicht mit dem mir oktroyierten Glauben; mit meiner Würde, nicht mit einer falschen Tradition; mit meinen Fähigkeiten, nicht mit einer Geschichte, die niemals mehr die meine sein wird und schon lange mehr Erzählung ist als Wahrheit oder Wirklichkeit.

Der Kreis scheint sich zu schließen. So bin ich tausend kleine Tode gestorben, um im Nachhinein den einen großen zu verstehen, noch lange bevor ich in das Haus einzog, noch lange, bevor ich auch nur annehmen konnte, endlich ein Zuhause in der arabischen Welt gefunden zu haben, bin ich schon fort und kann mir gut erklären, warum es nur einen Bruch mit der Mutter geben konnte, als ich elf Jahre alt war, warum mit meinem Vater, als ich siebzehn wurde, warum es nie ein Wiedersehen gab, warum ich niemals ein Wiedersehen will, geschweige denn brauche.

Es wäre einer Grabstätte gleich: ein kleiner Eingang, keine Fenster nach außen, ein abgeschlossenes Leben, isoliert in endloser Schönheit und Ästhetik vergangener Jahrhunderte, warten und dahinvegetieren, in einer Umgebung ohne Inhalte, ohne jegliche Kultur, keine Kunst, keine Zivilisation, Mittelalter sagen alle, nein, viel länger noch davor. Mein Grab in Marrakesch, mein Haus.

Zum Autor und Fotografen

François Maher Presley kam in Kuwait/pers. Golf zur Welt und lebte seit seinem sechsten Lebensjahr in Hamburg.

Der Autor und Publizist war u.a. Chefredakteur der Periodika *Nord-Magazin für Kultur, Politik und Wirtschaft*, *Kultur in Hamburg* und Verleger diverser Bände, die sich mit dem Wirken Georg Philipp Telemanns und Barthold Hinrich Brockes beschäftigen oder einen historischen Bezug zu Norddeutschland haben. Daneben verlegte er diverse Kunstkataloge und Kunstmappen oder verfasste zahlreiche Einführungen in die bildende Kunst.

Neben seinen ungezählten redaktionellen Beiträgen wurden seine literarischen und journalistischen Texte in mehr als 37 Büchern, darunter *Denkspiele*, *Mallorca - Wirklichkeit oder Traum* (deutsch/spanisch), *Ein Augenblick birgt 1000 Erleben - Klostertagebuch*, *Tomas – Aus dem Leben eines Callboys*, *Akwaaba - Willkommen in Ghana* (deutsch/englisch), *Liebesgedichte*, der vielbändigen Reihe *Andere Länder und Kulturen*, *Mein Marokko*, *Marrakesch – Leben in einem Riad*, *Werktagebuch: Frühe Dichtung und Prosa*, *Mystisches Marrakesch* usw. veröffentlicht.

In mehr als 120 Ausstellungen wirkte er in der bildenden Kunst der Norddeutschen Szene, so z.B. im Torhaus Wellingsbüttel, realisierte inhaltlich und kaufmännisch über sechs Jahre das Forum Alstertal, ein Kultur- und Veranstaltungszentrum verbunden mit einem Wohnkonzept im Norden Hamburgs, war Vorsitzender von Kultur aktuell - Verein zur Förderung des kulturellen Lebens in Hamburg e.V. oder leitete sechs Jahre die Hamburger Telemann-Gesellschaft e.V. als deren 1. Vorsitzender.

Während seines Studiums erhielt François Maher Presley ein Hochbegabten-Stipendium der Friedrich-Naumann-Stiftung in Königswinter/Deutschland. Verschiedene

Ehrenämter und Auszeichnungen, u.a. von der WHO (Weltgesundheitsorganisation der UN) für eine von dort in Auftrag gegebene Publikation, die er konzeptionell entwickelte und umsetzte, sowie Auszeichnungen für schriftstellerische Leistungen u.a. für seine Kurzgeschichten *Lola*, *Blutrot passepartiert*, *Die Späherin* und *Erwachen - Assoziationen auf Lanzarote* runden sein Wirken in der Kunst- und Kulturszene ab. Seine Novellen und lyrischen Arbeiten wurden u.a. von Prof. Michael Haller (*Denkspiele*), Dr. h.c. Bernhard G. Lehmann (*Ein Leben in Worten* und *Mallorca - Wirklichkeit oder Traum*) oder Winfried Wolk (*Erwachen - Assoziationen auf Lanzarote*) illustriert. Zudem waren er selbst oder sein Leben Gegenstand unterschiedlicher Werke (z.B. bei Gertraud Wendlandt, Bildhauerin, Ane Königsbaum, Fotografin, Renaldo Hopf, Popart Künstler, Winfried Wolk, Maler und Graphiker oder Otto Quirin, Maler). Gemeinschaftsproduktionen gab es auch mit der Bildhauerin Iris Rousseau und dem Maler Petr Wiesner (*Liebesgedichte*) oder dem Maler und Graphiker Willibrord Haas (*Tomas - Aus dem Leben eines Callboys*). Texte des Autors erschienen in Englisch, Spanisch, Ungarisch, Arabisch und Französisch.

Auch die Fotografie zählt zu den Leidenschaften des Autors. In den Büchern *Andere Länder und Kulturen*, Bände 1 bis 4, *Mein Marokko* oder *Akwaaba - Welcome to Ghana* stammen nicht allein die Texte von François Maher Presley, sondern auch die Fotos, die auf den verschiedenen Reisen entstanden. Im Laufe seines bisherigen Lebens führten ihn über 1.500 Reisen in 82 Länder dieser Welt. Bei den Aufnahmen geht es weniger um das Motiv, als vielmehr um die Gesamtkomposition, die sich an der Konstruktion der bildenden Kunst orientiert bzw. davon inspiriert ist.

Publikationen bei in-Cultura.com sowie vertriebene Bände

Bildende Kunst / Skulpturen

Erwachen - Assoziationen auf Lanzarote
(Kunstmappe: 7 Radierungen / 4 Textseiten)
Text: François Maher Presley
Radierungen: Winfried Wolk

Für Hans Werner Henze - Eine Skulptur - (Deutsch / Italiano)
Text und Illustrationen: Dr. h.c. Bernhard G. Lehmann,
Herausgeberin: Apotheke Jevenstedt - Kunst und Pharmazie

Quatro i otro (Kunstmappe: 6 Radierungen)
Dr. h.c. Bernhard G. Lehmann

700 Jahre Alstertal 1296 - 1996 (Kunstband)
Vorwort von Dr. Christina Weiss,
Kultursenatorin der Freien und Hansestadt Hamburg

Walking - Kunstband (Deutsch / English)
Bernhard G. Lehmann
Beiträge von Marion Janet Deike, Uwe Lempelius,
François Maher Presley, Katrin Zschirnt

Gesellschaft / Politik / Wirtschaft

Mit Deutschland im Wandel
Gesellschaftspoltische Essays, Textsammlung 1999 - 2011
Texte: François Maher Presley
Einleitung: Dr. Matthias H. Rauert

Islam und Deutschland
Tor des Islamismus in die westliche Welt?
Text: François Maher Presley

Tomas - Aus dem Leben eines Callboys
Texte: François Maher Presley, Radierungen: Willibrord Haas

Geschichte

Höfische Reglements und Lustbarkeiten
Die Besuche von Caroline Mathilde und Christian VII.
in Hamburg und Holstein, 1766 - 1772 (Prosa)
Text: Mathias Hattendorff, illustriert
Herausgeberin: Ursula Willer

Literatur

Denkspiele (Novellen)
Texte: François Maher Presley
Illustrationen: Prof. Michael Haller

Gedanken zum Strand (Lyrik)
Texte: François Maher Presley
Deckblattgestaltung: Michaela Daudt

Kalender - Immerwährend (Fotos / Lyrik)
Fotos, Texte, Gestaltung: François Maher Presley,
Herausgeberin: Dr. h.c. Annelie Kümpers-Greve

Mallorca - Wirklichkeit oder Traum (Deutsch / Español)
Text: François Maher Presley
Collagen: Bernhard G. Lehmann

Mystisches Marrakesch (Novellen)
Texte: François Maher Presley

Telefonat mit Baronin - Bühnenstück (Deutsch / English)
Text: François Maher Presley
Titel und Fotos: Carlos Kellá

Telefonat mit Baronin II - Bühnenstück (Deutsch / English)
Text: François Maher Presley
Titelfotos: Ane Königsbaum

Werktagebuch - Frühe Dichtung und Prosa
Gedichte, Briefe, Kartengrüße und Novellen 1979 - 1995
Texte: François Maher Presley
Illustrationen: Dr. h.c. Bernhard G. Lehmann, Prof. Michael Haller
Vor- und Nachwort: Dr. Matthias H. Rauert
Herausgeber: David Eschrich

Zeit darf nicht bemessen werden (Anthologie)
Herausgeber: Kreis der Freunde

Zurück zu den Quellen (Lyrik)
Texte: Johanna Jonas-Lichtenwallner, Peter Coryllis,
Herausgeber: Kreis der Freunde

Medizin

Schultererkrankungen, Patientenbuch
Antworten auf die häufigsten Fragen aus dem Alltag meiner Praxis
Text und Bild: Dr. Thomas von Rothkirch

Musik

Georgie, der humorvolle Nachbar aus dem 18. Jahrhundert –
Georg Philipp Telemann in Hamburg (Prosa)
Dr. Annemarie Clostermann, Geleitwort: François Maher Presley

Georg Philipp Telemann in Hamburg (1721 - 1767):
Dokumente erzählen Geschichte(n) (Ausstellungskatalog)
Dr. Annemarie Clostermann,
Grußworte von Krista Sager, Bürgermeisterin der Freien und Hansestadt Hamburg und Senatorin für Wissenschaft und Forschung,
Prof. Dr. Horst Gronemeyer,
Direktor der Staats- und Universitätsbibliothek Hamburg,
François Maher Presley,
1. Vorsitzender der Hamburger Telemann-Gesellschaft e.V.
Herausgeberin: Hamburger Telemann-Gesellschaft e.V., illustriert

Hamburger Ebb' und Fluht - Admiralitätsmusik von 1723
Vorworte/Beiträge von Dr. Henning Voscherau,
1. Bürgermeister der Freien und Hansestadt Hamburg,
Dr. Christina Weiss, Kultursenatorin der Freien und Hansestadt Hamburg,
Prof. Dr. Hans-Dieter Loose, Leiter des Staatsarchivs Hamburg,
Dr. Annemarie Clostermann, illustriert

Reisebücher und Bildbände

Akwaaba - Willkommen in Ghana (Deutsch / English)
Text und Fotos: François Maher Presley,
Herausgeber: Gerhard Buchmann

Andere Länder und Kulturen, Band 1: Reiseberichte und Impressionen
Texte und Fotos: François Maher Presley
Herausgeber: David Eschrich

Andere Länder und Kulturen, Band 2: Alles eine Welt
Texte und Fotos: François Maher Presley
Herausgeber: David Eschrich

Andere Länder und Kulturen, Band 3: Asienreise mit der Queen Mary 2
Texte und Fotos: François Maher Presley
Herausgeber: David Eschrich

Andere Länder und Kulturen, Band 4: Die Vergangenheit ist Gegenwart
Texte und Fotos: François Maher Presley
Herausgeber: David Eschrich

Ein Riad in Marrakesch / in Vorbereitung
Fotos: Ferdinando Godenzi
Fotos / Texte: François Maher Presley
Herausgeber: Peter Bergmann

Indien – Farben und Gesichter / India – Colors and faces
(Deutsch / English)
in Vorbereitung
Texte und Fotos: François Maher Presley

Mallorca
Text und Fotos: François Maher Presley
Collagen: Dr. h.c. Bernhard G. Lehmann

Marrakesch – Leben in einem Riad
Texte und Fotos: François Maher Presley
Herausgeber: Rena Dettmann, Stephan Puteick

Mein Marokko (Deutsch / English / Français)
Texte und Fotos: François Maher Presley
Herausgeber: Peter Bergmann

Mein Marokko (32 Postkarten)
Fotos: François Maher Presley
Herausgeber: Rena Dettmann, Stephan Puteick

Wellingsbütteler Impressionen (Bildband)
Beiträge: Prof. Dr. Hartwig Fiege, Mathias Hattendorff,
François Maher Presley
Fotos: Jürgen Scheliga
Herausgeberin: Ursula Willer

Zeitzeugnisse / Lebenserinnerungen

Klostertagebuch
Ein Augenblick birgt 1.000 Erleben
2., überarbeitete Auflage (1. Taschenbuch-Auflage)
Text: François Maher Presley
Eingeleitet von Dr. Matthias H. Rauert

Peter Stoljarskij. Der Violin-Pädagoge und seine Fabrik der Talente in Odessa.
Die Lebensgeschichte und Arbeitsweise eines genialen Lehrers in Russland (1871-1944)
Prof. Michael Goldstein, Aufgezeichnet von Gudrun von Brockhusen
Aus dem Nachlass herausgegeben und mit einem Vorwort von François Maher Presley